Matt Galan Abend

Im Urvertrauen leben

vianova

Verlag Via Nova

Matt Galan Abend

IM URVERTRAUEN LEBEN

Loslassen, fallen lassen,
gelassen sein

vianova
Verlag Via Nova

1. Auflage 2011

Verlag Via Nova, Alte Landstr. 12, 36100 Petersberg

Telefon: (06 61) 6 29 73

Fax: (06 61) 96 79 560

E-Mail: info@verlag-vianova.de

Internet: www.verlag-vianova.de / www.transpersonale.de

Umschlaggestaltung: Guter Punkt, München

Druck und Verarbeitung: Appel und Klinger, 96277 Schneckenlohe

ISBN 978-3-86616-199-3

Inhalt

Das Gras wächst
nicht schneller,
wenn man daran zieht.

Es wächst nur schneller,
wenn man den Boden
richtig bearbeitet.

Etwas Wichtiges vorweg ...

Ich habe lange gezögert dieses Buch zu schreiben. Habe immer wieder hin- und herüberlegt, ob das Wissen, das ich hierin vermittle, - unter anderem über die wirkungsvolle Technik der geistigen Ursachensetzungen - nicht auch missbräuchlich angewendet werden könnte. Und ob die Zeit für die Anwendung eines solchen Wissens wirklich reif ist.

Missbrauch aber, gleichgültig in welchem Feld, wird man nie ganz ausschließen können. Selbst Religionen werden missbraucht und dabei wird sogar das gleichzeitige Töten von möglichst vielen Menschen als direkter Weg zu Gott bezeichnet. Leider können wir so etwas fast täglich im vielerorts missbrauchten Islam erfahren.

Hüten wir uns aber davor, daraus ein generelles Urteil über den Islam abzuleiten. Jede Pauschalierung ist von Übel - auch nicht alle Deutschen waren Nazis.

Mit jedem Werkzeug, mit jedem Wissen, das uns in die Hand gegeben wird, können wir ebenso Gutes wie auch Gegenteiliges bewirken.

Die Möglichkeit des Missbrauchs gehört ebenso wie die Wahl zwischen Liebe und Hass zur Polarität der Schöpfung. Gäbe es diese Polarität nicht, könnten wir uns nicht bewusst für einen Weg entscheiden. Letztlich besteht ein ganz entscheidender Teil unserer geistigen Freiheit in dieser Wahlmöglichkeit. Beklagen wir also nicht, dass es sie gibt. Wäre nicht auch die Fähigkeit zum Bösen in uns, wäre das Gute kein Verdienst. Wir könnten ja gar nicht anders!

Wir leben zumindest in unserem Kulturkreis in einer Zeit des Bewusstseinswandels, in der immer mehr Menschen nach einer umfassenderen Antwort auf die Frage unseres Seins, auf die Probleme unserer Welt und den Sinn unseres darin ablaufenden Lebens suchen.

Die Erklärungen der Vergangenheit scheinen vielen Menschen nicht mehr befriedigend. Das, was ich in diesem Buch vermitteln möchte, kann eine große Hilfe für jeden ernsthaft Suchenden sein, kann aber natürlich auch völlig ignoriert werden. Auch hier haben wir wieder die Wahlmöglichkeit.

Ich weiß nun nicht, lieber noch unbekannter Leser, was Sie dazu verleitet hat, dieses Buch zu kaufen. Vielleicht war es das Wort URVERTRAUEN, von dem Sie sich angezogen fühlten.

Sie würden ja so gerne vertrauen, haben aber leider immer wieder erfahren müssen, dass es wahrscheinlich besser gewesen wäre, wenn Sie nicht vertraut hätten.

Vielleicht waren es auch die Unterzeilen des Titels, die Ihre Aufmerksamkeit gefunden haben.

Sie würden ja gerne loslassen und fließen lassen, haben aber immer wieder erfahren müssen, dass es besser für Sie gewesen wäre, die Fäden in der Hand zu behalten.

Vielleicht hat man Ihnen dieses Buch auch geschenkt oder einfach mal zum Lesen überlassen. Egal, auf welchem Weg Sie zu diesem Buch gekommen sind, seien Sie ganz sicher, es ist kein „Zufall", dass Sie es nunmehr in Ihren Händen halten. Es muss etwas mit Ihnen zu tun haben, oder das Buch wäre nicht bei Ihnen.

Eine erste kleine Bekanntschaft mit dem, was ich als URVERTRAUEN bezeichne.

Schon in diesen wenigen Zeilen habe ich etwas gesagt, mit dem Sie möglicherweise keineswegs einverstanden sind.

Sie glauben durchaus an so etwas wie Zufall und haben womöglich auch gleich die entsprechenden Beispiele zur Hand. Kein Problem für mich, solange auch Sie sich daraus kein Problem machen!

Sie müssen nicht mit allem einverstanden sein, was ich hier schreibe, ja, ich fordere Sie sogar ausdrücklich zu einer sorgfältigen Abwägung auf und rate Ihnen dringend, sich nur dann etwas zu eigen zu machen, wenn Sie in Ihrem Inneren fühlen, dass es auch für Sie das Richtige ist.

Ich sage ausdrücklich „fühlen". Ihr Verstand mag dabei plappern, was er will. Er kann nur das verarbeiten, was im Bereich seiner bisherigen Erfahrungen liegt. Damit ist er absolut begrenzt und tritt auf der Stelle.

Wenn Ihr Verstand denkt, bedient er sich seiner bisherigen Erfahrungen sowie der Aufzeichnungen Ihres Unterbewusstseins, und diese Aufzeichnungen repräsentieren immer nur die Vergangenheit.

Was in der mit Ihren Erfahrungen gewachsenen Software Ihres Unterbewusstseins nicht vorhanden ist, bleibt für Ihren Verstand im wahrsten Sinne des Wortes undenkbar.

Sie werden zum Beispiel einem afrikanischen Buschmann, der weder Schnee noch Eis kennt, nicht vermitteln können, dass Wasser so hart wie Stein werden kann. Das Wasser, das er täglich trinkt, ist doch weich. Wie könnte er es denn trinken, wenn es so hart wie Stein wäre? Er wird den Kopf schütteln und Sie für verrückt halten!

Ihr Gefühl, Ihre Intuitionen, Ihre spontanen Ideen hingegen entspringen einer völlig anderen Ebene als Ihr begrenzter Verstand. Diese Ebene ist unbegrenzt. Sie können fühlen, dass etwas richtig ist, ohne dass Sie es mit Ihrem Verstand irgendwie erklären könnten.

Oft spricht man in diesem Zusammenhang auch vom *Bauchgefühl,* wobei ich Ihnen versichern kann, dass es keineswegs der Bauch ist, der da fühlt, oder einige Menschen müssten über ein wahrhaft riesiges Gefühl verfügen.

Alle Menschen streben nach Erfolg. Sicher möchten auch Sie einmal auf ein erfolgreiches Leben zurückblicken. Nichts, was man kritisieren könnte. Aber erlauben Sie mir eine ganz einfache Frage:

Was wäre denn nun für Sie der „Erfolg Ihres Lebens"?

Wenn ich Sie bitten könnte, den Erfolg Ihres Lebens jetzt in drei bis vier Sätzen zu formulieren, wie würden diese wenigen Sätze aussehen? Wie würden Sie den Erfolg Ihres Lebens formulieren? Wann wären Sie nach Ihrer eigenen Definition erfolgreich?

Obwohl ich Sie nun leider nicht persönlich um diese wenigen Sätze bitten kann, formulieren Sie diese Sätze trotzdem einmal. Formulieren Sie „Ihren Lebenserfolg" einmal ganz für sich alleine.

Unterziehen Sie sich bitte dieser kleinen Mühe, und zwar bevor Sie dieses Buch weiterlesen. Sie müssen ja niemanden an Ihrem Ergebnis teilhaben lassen, und bitte denken Sie die Sätze nicht nur, schreiben Sie sie tatsächlich auf! Schreiben zwingt zu einer gewissen Festlegung, Gedanken hingegen sind wie Wolkenfetzen, die kommen und gehen.

Sie allein haben das Recht, den Erfolg Ihres Lebens zu definieren.

Nur Sie allein setzen den Maßstab in Ihrem Leben. Lassen Sie sich bitte nicht von dem irritieren, was „man" so ganz allgemein für ein erfolgreiches Leben hält.

Sie sind nicht „man".

Wenn Sie die Gelegenheit hätten, einmal hinter die Kulissen eines nach außen so erfolgreich wirkenden Lebens zu schauen, würden Sie sehr oft das genaue Gegenteil von dem entdecken, was man mit Recht als ein erfolgreiches Leben bezeichnen könnte.

In meinem Beruf muss ich hinter die Kulissen schauen, muss ich an das „Eingemachte" eines Menschen herangehen. In meinem Arbeitszimmer saß ein Milliardär mit seiner Lebenspartnerin, einige Millionäre, Firmeninhaber, hochbezahlte Manager, andere zumindest materiell erfolgreiche Menschen und viele Menschen wie Sie und ich, die über ihr Leben klagten, ja manchmal sogar weinten.

Die verzweifelt die Frage stellten, ob das denn nun alles war, für das sie bisher gelebt hatten?

Der materielle Status, an dem manche den Erfolg bemessen wollen, machte dabei keinen Unterschied. Das spricht nun keinesfalls gegen einen gewissen materiellen Wohlstand. Ganz im Gegenteil! Er sollte irgendwie dazugehören, aber auch hier setzen Sie wieder ganz alleine den Maßstab, und der hat leider bei den meisten Menschen die unangenehme Eigenschaft, sich dauernd nach oben zu korrigieren.

Ob wir das nun positiv oder negativ bewerten, bleibt zunächst einmal dahingestellt. Fest steht nur, dass wir, wenn wir den ständigen Einflüsterungen, „was wir jetzt noch müssten", folgen, so gut wie nie am Ziel ankommen.

Erst wenn „alle Dinge zum Wohle stehen", sind wir wirklich wohlhabend.

Erfüllung, Lebensfreude, lieben und geliebt werden, völlig eins zu sein mit sich, mit Gott und der Welt. Danke sagen zu können zu jedem Tag unseres Lebens. Das ist wahrhaftiger Wohlstand.

Nun werden Sie denken: Wer ist das schon, wer kann das schon? Jeder hat doch noch irgendwas, jeder hat doch sein Paket zu tragen.

Natürlich haben Sie damit Recht, und gerade beim Tragen eines solchen Pakets möchte ich Ihnen ja mit diesem Buch helfen. Wir können das Paket nicht wegwerfen, es hat einen Sinn, dass es uns aufgebürdet wurde. Aber wir können es ganz anders schultern, wir können ganz anders damit umgehen und es dabei von einer Bürde zur Freude werden lassen.

Das ist der Königsweg, auf den ich Sie führen möchte!

Natürlich müssen wir dabei auch über das, was wir unter Gott verstehen, reden. Nicht im Sinne einer bestimmten Religion. Ich will Sie zu nichts bekehren. Aber das, was wir mit dem Begriff Gott verbinden, ist nun einmal der Schlüssel zu dieser Schöpfung, und es genügt mir schon, wenn auch Sie fühlen, dass es so etwas wie eine ordnende Macht, dass es so etwas wie das, was wir gemeinhin als Gott bezeichnen, geben muss.

Ob das dann nun der „liebe Gott" ist, der alles sieht und dann im Jüngsten Gericht bestraft oder belohnt, wie man es zum Beispiel mir als Kind beigebracht hat, mag zunächst einmal dahingestellt sein. Wirklich verstehen werden wir das, was wir uns unter dem Begriff „Gott" vorstellen, mit unserem begrenzten menschlichen Verstand wohl nie.

Ein begrenzter Mensch wird einen unbegrenzten Gott niemals (als Verstandesleistung) verstehen können.

Aber wir können uns zumindest in die Nähe eines solchen Verstehens bringen, und dabei ist dann wieder unser Gefühl weitaus wichtiger als unser Verstand oder der bereits zitierte Bauch.

Wenn wir das Räderwerk dieser Schöpfung einigermaßen durchschauen, wenn wir die überall feststellbaren Gesetzmäßigkeiten erkennen und lernen, sie bewusst für uns anzuwenden, bewegen wir uns auf dem Weg der Erkenntnis, bewegen wir uns auf dem Weg zur Meisterschaft des Lebens.

Wir können diese Gesetzmäßigkeiten, wir können zum Beispiel die mächtige Kraft unseres ICH BIN, in die ich Sie allmählich einführen möchte, aber immer nur in Harmonie mit der Schöpfung und niemals gegen ein Lebewesen anwenden. Wenn wir so etwas versuchen, wird sich unsere Ursachensetzung gegen uns wenden.

***Je mächtiger das Werkzeug,
dessen wir uns bedienen,
desto weiser müssen wir damit umgehen,
denn je eher können wir
uns selbst damit verletzen.***

Mit einer kleinen Laubsäge, wie ich sie als Junge in meinem Bastelkasten hatte, können wir immerhin schon Holz sägen, mit einer Motor-Kettensäge hingegen können wir ganze Bäume und leider auch unser eigenes Bein zerlegen. Also Vorsicht!

Machen wir uns behutsam auf den Weg. Wir alle sind auf einem Weg, und jeder von uns steht an einer anderen Stelle „seines" Weges. Was dem einen schwerfällt, mag für den anderen leicht sein und umgekehrt.

Wenn Sie also nicht gleich alles in die Tat umsetzen können, was ich Ihnen hier nahebringe, ist dies kein Problem. Gehen Sie den Schritt, den Sie gehen können, und machen Sie dann und wann eine Brotzeit, wie man dies in Bayern nennt (Rast, Pause, Imbiss), oder Sie kommen nicht an.

Der Weg eines Menschen ist kein Hundertmeterlauf. Es macht absolut keinen Sinn, einfach loszurennen.

1

Warum lebe ich? Warum gibt es mich? Warum bin ich hier?

Fangen wir der Einfachheit halber gleich mit solch simplen Fragen an, und auch hier möchte ich Sie darum bitten, zunächst einmal Ihre eigenen Antworten zu finden, auch wenn das nicht immer ganz einfach ist.

Aber schließlich sollten Sie doch wissen, warum Sie leben und welchen Sinn Ihr Leben macht – oder macht das bei Ihnen alles keinen Sinn? Also, was wäre Ihre ehrliche Antwort ?

In den vielen Gesprächen, die ich im Rahmen meiner Tätigkeit mit Menschen führe, in Einzel-Intensivwochen, in akuten Krisensituationen, bei der Aufarbeitung alter Verhaltensstrukturen und einer damit verbundenen generellen Lebens-Neuorientierung usw., gelangen wir früher oder später immer an solch grundsätzliche Sinnfragen, und nur selten erhalte ich dann darauf eine befriedigende Antwort. Wenn es Ihnen also schwerfällt, ganz spontan eine Antwort zu finden, sind Sie damit keinesfalls alleine. Lassen Sie sich ruhig etwas Zeit.

Eine Antwort aber sollten Sie in jedem Fall finden. Wenn Sie morgen früh aufwachen, sollte der Tag, der dann vor Ihnen liegt, doch einen erkennbaren Sinn haben, und nicht einfach so ablaufen.

Und zwar einen Sinn, der ausschließlich mit Ihnen selbst zu tun hat. Ich habe ja auch ganz präzise nach dem Sinn *„Ihres Lebens“* gefragt und nicht, welchen Sinn Ihr Leben für andere macht, zum Beispiel für Ihre Kinder, Partner, Firma, Verein usw.

Sie sind kein Nutzmensch!
Der Sinn Ihres Lebens liegt
in Ihnen selbst.

Meist erst dann, wenn wir größere Zusammenhänge erkennen oder zumindest erahnen, öffnet sich uns ein Blickwinkel, der uns nicht nur solche Sinnfragen beantworten lässt, sondern uns auch den Umgang mit den Problemen des Alltags etwas leichter macht. Ein Umgang, der uns dabei hilft, unser Leben so anzunehmen, wie es ist, und den darin enthaltenen Sinn zu erkennen.

Aber ein solches „An“-nehmen bedeutet keinesfalls ein „Hin“-nehmen. Dies wird leider sehr oft missverstanden.

Wir sind hier, um unsere Probleme zu lösen.
Wir sind nicht hier, um sie einfach
hinzunehmen oder gar
als Alibi zu benutzen.

Wir können dabei sicher sein, dass wir nicht überfordert werden. Die Schöpfung ist weder uns noch einem anderen Lebewesen gegenüber unfair. Es wird uns nicht mehr aufgebürdet, als wir auch lösen können, auch wenn wir manchmal das Gefühl haben, am Ende zu sein und nicht mehr weiter zu können. Dieses Gefühl ist rein subjektiv. Wir können!

Selbstverständlich haben wir auch das notwendige Handwerkszeug zur Lösung unserer Probleme mitbekommen, und es ist mein Ziel, Sie mit dem wirkungsvollsten aller Werkzeuge, unserem mächtigen ICH-BIN- Bewusstsein, das aus einem tiefen Urvertrauen erwächst, bekannt zu machen. Wir haben keinen Grund uns ohnmächtig, ausgeliefert oder gar am Ende zu fühlen.

Wir sind nicht alleine, wir waren nie allein und wir werden niemals alleine sein.

Mancher Leser wird nun denken, dass ich gut reden habe und mal in seiner Lage sein sollte. Glauben Sie mir, es gibt keine Lebenslage, die mir fremd sein könnte, und zwar nicht vom Hörensagen, sondern aus eigenem Erleben.

Ich war ganz oben, und ich war ganz unten. Wer nicht den ganzen Ozean mit all seinen Tücken und Stürmen kennen gelernt hat und immer nur im sicheren Bereich der nahen Küste herumschipperte, den wird man wohl kaum als seefest bezeichnen können. Ich bin inzwischen absolut seefest.

Natürlich dachte ich auf genau das verzichten zu können, wenn ich ganz unten war. Heute weiß ich, dass gerade dies die wichtigsten Stationen in meinem Leben waren. Dass genau dies die Stationen waren, die mich ganz entscheidend weiter gebracht haben, dass dies die wichtigsten Weichenstellungen waren.

Mit der tiefen Verankerung im Urvertrauen, dem daraus erwachsenen Gebrauch unseres mächtigen ICH BIN und der Technik der bewussten geistigen Ursachensetzung werde ich Sie im Verlauf dieses Buches vertraut machen. Aber bitte haben Sie dazu etwas Geduld, und fangen Sie nicht an, das Buch von hinten lesen zu wollen. Es entgeht Ihnen nichts.

Was nicht systematisch aufgebaut wurde und was Sie nicht tief verinnerlicht und bejaht haben, werden Sie niemals erfolgreich umsetzen können.

Sie würden es sich nicht leichter, sondern nur schwerer machen, wenn sie versuchen sollten, wichtige Stufen zu überspringen

Grundsätzliche Fragen nach dem Sinn unseres Lebens, wie wir sie hier aufgeworfen haben, sind völlig unabhängig von irgendeiner Religionszugehörigkeit. Natürlich geben auch die unterschiedlichen Religionen darauf eine Antwort, und wenn sich eine solche Antwort richtig für Sie anfühlt, folgen Sie dieser Religion.

Alle Wege führen zum gleichen Ziel. Alle Wege entstammen der gleichen Quelle und führen zur gleichen Quelle zurück.

Nur dann, wenn Ihnen eine Religion vermitteln will, dass Sie selbst klein, bedeutungslos und hilflos einem strafenden und rächenden Gott sowie dessen Gnade hilflos ausgeliefert sind, ist es meine Empfehlung, dieser Religion nicht zu folgen.

Eine Religion, die Sie erhebt, die Sie in ein anderes Bewusstsein führt, führt Sie zu Gott.

Eine Religion, die Sie klein und bedeutungslos macht, entfernt Sie von Gott.

In Wahrheit sind Sie eine Manifestation der göttlichen Urquelle, und eine solche Manifestation ist niemals klein und bedeutungslos.

Sie ist göttlicher Natur.

Wenn Gott sich in der menschlichen Natur manifestiert, dann ganz bestimmt nicht in der Konzeption unmündiger und sich ausgeliefert fühlender Hinnehmer.

Jesus, Buddha, Mohammed, wie auch alle anderen großen Meister, die über diese Erde gegangen sind, waren keine Hinnehmer, sie waren Veränderer, sie waren Schöpfer, sie stellten das Bestehende in Frage!

Glauben kann man nicht befehlen. Niemand kann etwas glauben müssen. Ein Mensch kann nur glauben, weil er es glauben kann, weil es sich für ihn richtig anfühlt. Wir müssen etwas bejahen können, um damit richtig umzugehen, oder wir stehen ihm relativ oberflächlich gegenüber.

Jeder Weg eines ehrlichen und überzeugten Glaubens, der auch den Glauben eines anderen Menschen achtet, ist gleichermaßen richtig. Jeder Weg ist ein Weg zu Gott, denn jeder Weg ist ein Ausdruck der gleichen allumfassenden Quelle und führt wieder in diese Quelle zurück.

Der Gautama Buddha sagte sinngemäß: Glaubt nicht, weil es so geschrieben steht, glaubt nicht, weil die Weisen es so sagen, glaubt nicht, weil ich es so sage, glaubt, weil ihr fühlt, dass ihr es glauben könnt.

Die innere Zustimmung, das innere Gefühl, richtig zu sein, ist entscheidend. Wenn ich in innerem Unverständnis und einer daraus erwachsenen Unsicherheit lebe und nur so tue, als ob – weil alle anderen es ja auch so tun und ich dazugehören möchte –, bleibt mein so genannter Glaube saft- und kraftlos.

Ich bin mir nicht ganz sicher, hadere zum Beispiel mit meinem sogenannten Schicksal, statt es anzunehmen und endlich das Werkzeug zu benutzen, das mir gegeben wurde, um es selbst in die Hand zu nehmen.

Die Erde ist nach meinem Verständnis so etwas wie eine göttliche Schöpfer-Schule.

*

Wir sind hier, um den sinnvollen Gebrauch unserer schöpferischen Werkzeuge zu erlernen.

*

Wir sind hier, um Herr und Meister unseres Lebens zu werden.

Auf der rein handwerklichen Ebene sind wir inzwischen im Gebrauch von Werkzeugen sehr geübt. Aber den viel wichtigeren geistigen Werkzeugen stehen wir immer noch relativ unbeholfen gegenüber.

Je tiefer wir in die individuelle Struktur eines Lebens eindringen, je tiefer wir die individuell gewachsenen Konditionierungen und Wahrheiten durchleuchten, desto eher gelangen wir an den Punkt, an dem ein immer tieferes Hinterfragen vonnöten ist.

Eine Neugier, die durchaus erlaubt ist, ja, die sogar notwendig ist, um unsere Werkzeuge an der richtigen Stelle ansetzen zu können.

Wir dürfen Fragen stellen, und die Antworten darauf müssen befriedigend sein, oder wir hätten die Fragen nicht zu stellen brauchen.

Wir stehen staunend vor dem eigenen Leben, sehen das Schöne wie auch das Hässliche bei uns selbst, bei den anderen und auch in dieser Welt und finden letztlich doch keine ausreichenden Erklärungen.

Was soll das alles?

Warum ist mein Leben so gelaufen, wie es nun einmal gelaufen ist?

Warum bin ich so, wie ich nun einmal bin?

Was ist dabei wirklich Ich, und was ist dabei nur ein antrainiertes Rollenspiel?

Was ist der Käfig, in dem ich stecke, und wie komme ich aus diesem Käfig wieder heraus?

„Hätte ich das alles frei bestimmen können, hätte ich mir ganz bestimmt etwas anderes ausgesucht", höre ich Menschen sehr oft sagen, und meine Antwort darauf ist immer die gleiche:

Sie haben frei bestimmt, und Sie können ebenso frei bestimmen, das alles zu ändern.

Ungläubiges Staunen ist dann meist die Reaktion. Ich soll das alles frei bestimmt haben? Es waren doch meine Eltern, die Familie, die Schule, die Gesellschaft, die mich dahin gebracht haben, wo ich jetzt stehe. Die mich gelehrt haben, so zu sein, wie ich jetzt nun einmal bin, die mir beigebracht haben, was richtig und was falsch ist.

Solche Einlassungen kann man als Wahrheit oder auch als Unwahrheit betrachten. Die Bewertung ist – wie so oft – allein vom Standpunkt der Betrachtung abhängig.

Sehe ich mein Leben aus der begrenzten Sicht eines einmaligen Vorgangs zwischen Geburt und Tod, oder wage ich einmal eine etwas weitergehende Betrachtung, wozu ich Sie hier verleiten möchte?

Übrigens beginnt unser physisches Leben nicht mit der Geburt, sondern mit der Zeugung. Aber gehen wir systematisch vor, versuchen wir, keine Stufen zu überspringen. Was wir vorhaben, ist ein Weg, wie ich schon gesagt habe, und kein Hundertmeterlauf. Also wenden wir uns zunächst wieder der Frage zu: „Warum lebe ich?“

Auf diese Frage könnte man natürlich antworten, dass ich ganz einfach deshalb lebe, weil meine Eltern mich gezeugt haben. So ganz unrichtig wäre dies natürlich nicht, aber wäre es tatsächlich auch eine erschöpfende Erklärung für das, was wir als „unser Leben“ bezeichnen? Wäre das wirklich alles?

Wäre es nicht so, als wenn wir sagen würden, das Huhn lebt, weil der Hahn die Henne getreten und dabei das Ei befruchtet hat, das die Henne dann ausgebrütet hat. Vorsicht, nur höchst selten werden Eier heute noch von Hennen ausgebrütet. Wobei wie immer die Frage offen bleibt, woher dann wohl das erste Ei kam, aus dem Hahn und Henne erst entstanden sind.

Ist die komplizierte Struktur Mensch nicht doch etwas mehr als ein ausgebrütetes Ei?

Wenn wir der Bruttheorie folgen, würde es uns also nicht geben, wenn der Samen unseres Vaters in einer mehr oder weniger liebevollen Umarmung die Eizelle unserer Mutter, deren Zyklus gerade in diesem Moment dafür offen war, nicht befruchtet hätte? Bewusst oder zufällig?

Ganz abgesehen davon, dass es inzwischen auch künstliche Befruchtungen gibt, bei denen unserem Vater nur noch die Rolle eines Samenlieferanten zukommt, dessen Anwesenheit bei unserer Zeugung nicht einmal erforderlich ist, ja, den unsere Mutter und auch wir, nicht einmal kennen müssen. Wie romantisch!

Wären wir dann in einem solchen Fall nichts anderes als das Ergebnis eines medizinischen Eingriffs?

Ich weiß nicht, wie Sie das empfinden, aber ich bin der Überzeugung, dass wir in der vordergründigen Betrachtung unserer körperlichen Entstehung und unseres körperlichen Seins keinerlei befriedigende Antwort auf die Frage „Warum leben wir?" finden können. Organisch ist unser Leben ja durchaus erklärbar, aber ist der Mensch nicht doch etwas mehr als nur organisches Leben?

Betrachten wir das hochkomplizierte Wesen Mensch einmal näher, betrachten wir den Menschen in all seinen Facetten, in seinen Gefühlen, Gedanken, Hoffnungen, Ängsten, in seiner tiefen Sehnsucht nach Harmonie und Frieden, nach Anerkennung und Annahme in seinem Umfeld, dann können wir doch unmöglich glauben, dass dies alles unsere Eltern oder ein Medizintechniker (die Bezeichnung Arzt möchte ich dabei bewusst vermeiden) gezeugt haben sollen.

Bei der umfassenderen Betrachtung unseres Menschseins offenbaren sich mächtige Ebenen, die mit unserer rein körperlichen Materie nur wenig zu tun haben.

Wir erleben zwar einen anschaubaren Menschen aus Fleisch und Blut, auf der anderen Seite aber erleben wir zeitweise einen Menschen, der nur aus Emotionen zu bestehen scheint, und dies ist keinesfalls ein Vorrecht des weiblichen Geschlechts.

Um etwas Ordnung in die unterschiedlichen Ebenen zu bringen, schlage ich vor, dass wir zunächst einmal von drei verschiedenen Ebenen des menschlichen Daseins sprechen:

1. Die körperlich-organische Ebene,

2. Die psychisch-mentale Ebene

3. Die unbegrenzte geistig-seelische Ebene.

Die Trennung zwischen psychisch-mentaler und geistig-seelischer Ebene ist in der täglichen Umgangssprache leider sehr schwammig. Demnach soll es ja sogar so etwas wie „seelische Krankheiten" geben, und wir sollen die Seele sogar baumeln lassen können. Eine überaus witzige Vorstellung - eine Ansammlung baumelnder Seelen - zum Beispiel in einem Wellness-Hotel.

Ich sehe die Seele als das unbegrenzte göttlich-geistige Element,

das den Körper eines Menschen als vorübergehenden Aufenthaltsort gewählt hat. Dieses Element kann weder krank werden noch irgendwo baumeln.

Unser Körper ist wie ein Haus, das unser unbegrenztes geistiges ICH BIN auf Zeit bewohnt. Wir ziehen darin ein, und wir ziehen auch wieder daraus aus.

Wenn wir nun - unserer Bruttheorie folgend - die Frage „Warum lebe ich?“ oder noch besser gesagt „Warum gibt es mich?“ allein mit der Zeugung durch unsere Eltern oder einen Medizintechniker zu beantworten versuchen, dann müssten diese ja auch alle drei Ebenen gezeugt haben. Oder hätten wir gar mehrere Erzeuger?

Könnte man dann, einer Mehr-Erzeuger-Theorie folgend, sagen, dass zum Beispiel Gott - wen oder was auch immer wir uns zunächst einmal darunter vorstellen - die so genannte Seele, und unsere Eltern lediglich den materiellen Körper gezeugt haben? Immerhin eine mögliche Erklärung, aber dann würde ja Gott für jeden entstehenden Körper eine Seele schaffen müssen?

Damit würde der Mensch - allein durch seinen Zeugungsdrang - Gott mehr oder weniger beschäftigt halten. Der Mensch würde agieren, und Gott müsste reagieren.

So, wie jede Autokarosse einen Motor braucht, um zu einem kompletten Auto zu werden, müsste dann Gott jede menschliche Zeugung durch eine Seele komplettieren. Für mich ein absurder Gedanke.

Was empfinden Sie dabei? Es ist wichtig, dass Sie Ihrem eigenen Gefühl folgen. Nehmen Sie nicht einfach etwas hin, was ich sage, wenn es Ihrem Gefühl widerspricht.

Sie, die unbegrenzte Seele in dem Körper, den Sie zur Zeit bewohnen, besitzen ein untrügliches Gefühl für das, was sein kann und was nicht sein kann. Vertrauen Sie diesem Gefühl, vertrauen Sie Ihrem unbegrenzten ICH BIN.

Wenn zum Beispiel eine Regierung - wie es die chinesische tut - dann verordnet, dass jedes Paar nur ein Kind haben darf, dann würde eine solche Regierung damit nicht nur die Menschen, sondern auch Gott beschränken oder ihm so etwas wie eine schöpferische Pause gönnen, wie auch immer man das auslegen mag. Eigentlich müsste dann Gott den Chinesen sogar irgendwie dankbar sein. Weniger Karosserien, weniger Motoren.

Aber wenn die Erklärungen, die wir bisher versucht haben, so nicht zutreffen können - wo liegt dann unser Denkfehler?

Solange wir Beginn und Ende unserer Existenz mit dem Entstehen und Vergehen unserer körperlichen Materie gleichsetzen, so lange finden wir keine befriedigende Erklärung.

Geboren - gestorben. So steht es zwar einmal in den Akten der Behörden, auf unserem - vielleicht sehr teuren Grabstein - oder auch auf der Abdeckplatte unserer Urnennische, wenn wir verfügen, dass unser Körper verbrannt werden soll. Aber war das dann alles? Geboren - gestorben! War das unser Leben?

Was wurde da eigentlich beerdigt oder verbrannt? Wurden wirklich „wir“ beerdigt oder verbrannt? Waren wir nicht mehr als dieses Stück leblose und nun völlig unbrauchbare Materie, die zur endgültigen Entsorgung ansteht?

Aber wenn wir mehr waren als nur Körper, was ist dann mit diesem Mehr passiert?

Nun können wir natürlich den guten alten Himmel bemühen, der ja da oben sein soll, und manch einer unserer Zeitgenossen sieht uns vielleicht auch eher in der Hölle, die dann im Gegensatz zum Himmel eher unten vermutet wird.

Stellt sich natürlich die Frage, wo dann auf einer sich dauernd drehenden Erdkugel oben und unten sein soll? Aber vergessen wir solche Spitzfindigkeiten für diesen Moment, wir haben wichtigere Fragen.

Um eine befriedigenden Antwort zu finden, brauchen wir ein anderes Bild von dem, was wir unter einer menschlichen Existenz verstehen, und wir brauchen eine andere Sicht von dem, was wir unter Gott verstehen.

Diese beiden Grundfragen sind untrennbar miteinander verbunden. Wenn Sie zunächst Schwierigkeiten mit dem Begriff „Gott“ haben, wählen Sie einfach die Bezeichnung Quelle, Urgrund, XY3, oder was auch immer Ihnen einfällt.

Der Begriff Gott wurde leider im Laufe der Jahrtausende gegenüber dem Menschen so oft als Drohung missbraucht, dass viele

Menschen inzwischen einfach abschalten und zumachen, wenn sie dieses Wort hören.

Willigis Jäger hat in seinem Buch *„Anders von Gott reden"*, das ich Ihnen unbedingt empfehlen kann, wenn Sie tiefer in diese Thematik einsteigen wollen, hervorragende Gedanken entwickelt. Ich will mich hier auf das beschränken, was zur Beantwortung unserer Fragen „Warum lebe ich, warum gibt es mich, was soll das alles?" notwendig ist.

Zunächst einmal folgende Klarstellung von mir:

Es gibt keinen unentwegt seelenschaffenden Gott, und unser wahres Sein ist keinesfalls auf ein menschliches Leben beschränkt.

Verzeihung, wenn ich Sie erneut verwirre. Man könnte natürlich fragen, wo denn nun all die Menschen herkämen, wenn es nicht immer wieder neue Seelen gäbe? Es waren doch früher viel weniger Menschen auf der Erde, und wie durchaus ernstzunehmende Wissenschaftler sagen, werden es irgendwann einmal so viele sein, dass die Erde sie nicht mehr ernähren kann. Wo kommen dann diese Seelen alle her?

Ist dann Gott vielleicht weit übers Ziel hinausgeschossen, hat er zu viele Seelen geschaffen, oder hätte der Mensch seinen Sexualtrieb besser beherrschen sollen?

Seien Sie ganz sicher, keines von beiden ist richtig, wobei man einigen Menschen eine bessere Beherrschung ihres Sexualtriebes durchaus empfehlen könnte. Aber es wäre dann sicher nicht das Einzige, dessen Beherrschung sie zu verbessern hätten.

Letztlich sind wir hier, um zu lernen. Ich sprach von der „Schöpfer-Schule Erde". Wir sind hier, um bestimmte Erfahrungen zu machen, und Erfahrungen führen letztlich immer zum besseren Beherrschen.

Eine Frage, die mir immer wieder gestellt wird, möchte ich bei unseren Betrachtungen nicht unbeantwortet lassen. Wir wissen aus der Medizin, dass nach dem Samenerguss eines Mannes Tausende Samenfädchen so etwas wie einen Wettlauf auf die Eizelle der Frau beginnen. Nur wer zuerst da ist, nur wer sich zuerst einnistet, nur wer das Schnellste und Kräftigste ist, hat die Chance, sich zu einem menschlichen Körper zu entwickeln.

Wären wir demnach vielleicht ganz anders, wenn das Samenfädchen, aus dem unser Körper letztlich entstanden ist, nicht als Erstes den Weg in die Eizelle unserer Mutter gefunden hätte, und was ist mit all den anderen Samenzellen, die es nicht geschafft haben? Waren das alles Seelen, die sich vergebens abgestrampelt haben?

Meine Antwort: Erst wenn die Befruchtung einer weiblichen Eizelle stattgefunden hat, entschließt sich das, was wir als Seele bezeichnen, die Chance einer menschlichen Inkarnation und die damit verbundene Chance einer ganz bestimmten irdischen Erfahrung anzunehmen.

Wäre dies nicht so, wären auch schon die Samenfädchen mit einer Seele verbunden, würden täglich Milliarden Seelen in Kondomen, Papiertaschentüchern und Toilettenspülungen enden. Für mich undenkbar.

Der Erfahrungsinhalt einer sich neu ergebenden körperlichen Existenz liegt auf der unbegrenzten geistigen Ebene, auf der sich

die Seele vor Annahme eines solchen Angebots befindet, wie ein offenes Buch vor uns.

Wir wählen die mit unserem Leben verbundene Lernaufgabe ganz bewusst aus.

Wir starten nicht ins Unbekannte. In der Schöpfer-Schule Erde gibt es keinen Zufall.

Wir wurden nicht falsch eingeschult.

Wir sind nicht zufällig an dem Platz, an dem wir uns befinden. Wir sind genau richtig da, wo wir sind – Reklamationen sinnlos.

Alles ist mit allem verbunden, alles geschieht gleichzeitig, es gibt kein Außerhalb, und es gibt keine Zeit.

Verlangen Sie von Ihrem begrenzten Verstand jetzt bitte nicht, dass er das sofort alles versteht. Gönnen Sie ihm etwas Zeit. Verstehen, als Verstandesleistung, kann er das sowieso nicht. Aber vielleicht bringen Sie ihn dazu, zunächst einmal zu akzeptieren und nicht dauernd dazwischenzuplappern.

Aber wenden wir uns nun der Frage zu, wer, wie oder was Gott sein könnte, um dann daraus auch unser augenblickliches Menschsein etwas besser erklären zu können.

2

Wer, wie oder was könnte Gott sein?

Kein begrenzter menschlicher Verstand wird jemals einen unbegrenzten Gott verstehen oder gar hinreichend erklären können.

Der Versuch, Gott irgendwie erklären zu wollen, kann immer nur zu einem *„in etwa so“* führen, kann lediglich in die Nähe des Ziels, aber niemals gänzlich zum Ziel führen.

Trotzdem dürfen wir uns nicht entmutigen lassen und müssen uns auch solch elementaren Fragen stellen. Dabei dürfen wir uns sogar fragen, ob es denn so etwas wie einen Gott überhaupt gibt oder ob die verschiedenen Gottesvorstellungen nicht lediglich der Phantasie der Menschen entsprungen sind.

Schon indem wir uns bei solchen Überlegungen zwangsweise unserer menschlichen Sprache bedienen müssen, begeben wir uns in die Enge menschlicher Begrenzung.

Vieles von dem, was wir intuitiv fühlen, können wir weder erklären noch hinreichend in gesprochene oder auch geschriebene Sprache übersetzen, und der Sprachen und Dialekte, deren wir uns bedienen, gibt es auf dieser Erde so viele, dass uns auch die Übersetzungen von einer in die andere Sprache zusätzliche Schwierigkeiten bereiteten.

Was wir versuchen können und auch versuchen sollten, ist, anhand von für unseren Verstand gerade noch verarbeitbaren Beispielen, zunächst einmal so etwas wie eine globale Vorstellung von dem zu entwickeln, was Gott sein könnte, in welchem Verhältnis dann der Mensch zu diesem Gott steht und welchen Sinn unser Menschsein letztlich hat.

Kein leichtes Vorhaben, aber packen wir´s an.

Der von mir bereits zitierte Willigis Jäger sagt in seinen tiefgründigen Überlegungen unter anderem: „Gott ist Ursubstanz", und an anderer Stelle spricht er vom „Urquell allen Seins".

Natürlich ist das vollkommen richtig, aber bereits bei solchen Definitionen werden die Schwierigkeiten unserer menschlichen Sprache mehr als deutlich. Was ist eine „Ursubstanz", was ist ein „Urquell", und vor allem ist Gott dann so etwas wie eine Substanz oder eine Quelle?

Was versteht unser menschlicher Verstand zum Beispiel unter einer Substanz, wie ordnet unser Verstand so etwas ein? Besteht nicht unser täglich Brot ebenso wie unsere Autoreifen und unsere Zahnbürste aus verschiedenen Substanzen? Ein Philosoph wird unter dem Begriff Ursubstanz sicher etwas ganz anderes verstehen als ein Chemiker.

Versuchen wir unsere Frage zunächst einmal aus einer etwas anderen Perspektive zu klären. Wir hören beispielsweise immer wieder von den Bemühungen sehr ernst zu nehmender Wissenschaftler, die der Frage nachgehen, ob es außerhalb unseres Planeten Erde auch noch anderswo im All Leben geben könnte.

Dabei nehmen sie ganz einfach das organische Leben auf unserer Erde als Maßstab und machen die Möglichkeit des Lebens auf anderen Planeten z.B. vom dortigen Vorhandensein von Wasser abhängig. Dass Leben auch ohne organische Manifestation existiert, ja, dass gerade die Urquelle allen Seins, dass Gott selbst ohne jede organische Manifestation ist, scheint sie dabei nicht zu irritieren.

Sie nehmen diesen kleinen Stecknadelkopf Erde als Maßstab für die Möglichkeit des Lebens in einem unendlichen Universum, das aus unzählbaren Galaxien besteht. Für mich fühlt sich das – trotz aller Gelehrtheit dieser Fachleute – ein wenig einfältig an.

Sie betrachten dabei Wasser als (so etwas wie eine) Ursubstanz des Lebens. Ohne Wasser kein Leben. Wäre Gott dann – wenn wir ihn als Ursubstanz bezeichnen – etwa vergleichbar mit Wasser?

Verzeihung, Gott ist ganz bestimmt nicht so etwas wie Wasser, und um das uns auf dieser Erde bekannte organische Leben zu ermöglichen, müsste zumindest auch noch Licht und Sauerstoff hinzukommen, obwohl es in der Tiefsee Lebewesen gibt, die auch ohne Licht und Sauerstoff auskommen – allerdings wiederum nicht ohne Wasser!

Was auch immer wir als Beispiel heranziehen – wirklich schlüssig werden wir daraus eine Erklärung dessen, was wir unter Gott verstehen, nicht ableiten können.

Aber trotz aller Unzulänglichkeiten möchte ich das Beispiel Wasser einmal aufgreifen. Es ermöglicht uns einen ersten Ansatz. Es ermöglicht einen für unseren Verstand nachvollziehbaren Einstieg und bringt uns in die Nähe eines Verstehens. Dies allein wäre doch immerhin schon etwas.

Unser Verstand braucht zu seiner Arbeitsweise immer etwas Anschaubares und Vergleichbares. Er ist in der Polarität dieser Schöpfung Erde verhaftet, aber das Thema unserer Betrachtung „Gott" ist weder anschaubar noch vergleichbar noch in irgendeiner Polarität verhaftet.

Aus dieser Schwierigkeit heraus haben Menschen aller Zeiten Bilder und Vorstellungen von Gott entwickelt, die sie verstehen konnten, die sie in ihr tägliches Leben übersetzen konnten. Dass Gott dabei immer mehr menschliche Züge und menschliche Verhaltensweisen übergestülpt wurden, war eine ganz zwangsläufige Entwicklung.

Um eine solche Vermenschlichung zu verhindern, ist zum Beispiel im Islam eine Abbildung Allahs - des nach dieser Religion Allmächtigen - gänzlich verboten. Lediglich eine Abbildung Mohammeds, seines Propheten, ist erlaubt, und selbst dies hat in der Vergangenheit schon zu erheblichen Verwerfungen geführt.

Das, was wir Gott nennen, ist keine dem Menschen vergleichbare personale Wesenheit.

Gott hat nach der begrenzten menschlichen Vorstellung etwas erschaffen, das er nun von außen mit mehr oder weniger Wohlgefallen betrachtet und in das er auch mal strafend oder belohnend eingreift. So, wie ein Künstler sein Werk aus der Distanz betrachtet, hier und da noch zu Korrekturen ansetzt oder Standplatz und Lichteinfall verändert. Auf der einen Seite also das Geschaffene und auf der anderen Seite der, der es erschaffen hat.

Diese Trennung ist eine der elementarsten Fehler unseres Denkens. Gott ist nicht da und wir hier. Wir sind „in" Gott! Wir sind eine Manifestation Gottes.

Verzeihung, lieber Verstand. Du hast natürlich sofort tausend Argumente bereit, die allesamt beweisen, dass eben genau das nicht sein kann. Denn wie könnte es uns schlecht gehen, wie könnten wir zum Beispiel krank sein, wenn wir in Gott wären, oder geht es auch Gott schlecht, oder ist auch er krank?

In weiteren Versuchen menschlicher Gotteserklärungen wurde Gott auch immer mehr eine Verhaltens- und Betrachtungsweise unterstellt, wie sie dem menschlichen Verstand geläufig und verständlich ist. Wir haben das schon festgestellt. *„Magst du mich, entsprichst du meinen Erwartungen und befolgst du meine Regeln, dann belohne ich dich, benimmst du dich gegen meine Erwartungen und Regeln, dann bestrafe ich dich".*

Wer kennt dieses System nicht auch aus eigener Erfahrung? Und wenn wir dazu auf den Kindergarten zurückgreifen müssen.

Gott ist keinesfalls so etwas wie ein mit aller Macht ausgestatteter Supermensch, der bestraft oder belohnt; so leicht dies auch für unseren Verstand verarbeitbar wäre.

Wie ich bereits gesagt habe, ist unser vielgelobter menschlicher Verstand in die Polarität der Schöpfung Erde eingebunden. Er braucht zu seiner Arbeit feste Bezugspunkte, er braucht Vergleichsmöglichkeiten, um etwas einordnen zu können.

Er möchte immer zwischen hoch und tief, laut und leise, warm und kalt, gut und böse, Himmel und Hölle unterscheiden können. Er bestimmt seinen Standort immer und ausschließlich zwischen zwei sich ihm bietenden Polen.

Nehmen wir unserem Verstand
die Polarität weg –
und Gott ist außerhalb jeder Polarität –
ist er orientierungslos.

Also schafft sich unser Verstand wieder ein Bild oder eine Vorstellung, die für ihn verarbeitbar ist.

Einen anfangs- und endlosen Gott, der dabei noch völlig unpersonal ist, kann unser Verstand lediglich zur Kenntnis nehmen. Verstehen, verarbeiten, analysieren, berechnen oder einordnen kann er so etwas nicht.

Die Fähigkeiten unseres Verstandes sind eher zum Bau einer Brücke geeignet, die hier anfängt und dort aufhört. Aber Gott fängt nirgendwo an, hört nirgendwo auf und ist selbst nicht anschaubar. Aber wir sind ja nicht nur Verstand! Wir verfügen ja auch über eine Ebene des Verstehens, die jenseits unseres Verstandes liegt.

Inzwischen haben Sie sicher bemerkt, dass wir wieder in ein wohlbekanntes Problem geraten sind. Wir versuchen zu erklären, was etwas ist, indem wir zunächst einmal erklären, was es nicht ist. Ebenso wie die meisten Menschen eher wissen, was sie nicht wollen, statt zu wissen, was sie wollen. Aber lassen wir uns dadurch nicht aufhalten.

Wir, die unbegrenzte Seele, die zur Zeit einen begrenzten materiellen menschlichen Körper bewohnt, sind und bleiben immer Bestandteil der unbegrenzten Ebene, obwohl diese Ebene natürlich nicht in Bestandteile zerlegt werden kann, was unserem Verstand natürlich sehr entgegenkommen würde.

Wir sind und bleiben immer mit der unbegrenzten geistig-göttlichen Ebene verbunden. Wir haben dadurch ein untrügliches Gefühl für das, was sein kann und nicht sein kann.

Natürlich nur, solange wir dieses Gefühl nicht durch unseren Verstand völlig entmündigt haben. Unser Verstand ist und bleibt immer in der Polarität der menschlichen Ebene verhaftet, während eine Intuition, die uns völlig losgelöst von unserem Verstand erreicht, aus der unbegrenzten Ebene kommt. Eine Redensart sagt, dass es uns dann wie Schuppen von den Augen fällt. In der Mystik redet man vom „Schleier der Maya".

Albert Einstein sagte, dass er seine Erkenntnisse über das All nicht durch logisches Nachdenken hat.

***Wir können unserem inneren Gefühl,
wir können unserer inneren Stimme,
wir können unseren Intuitionen
unbedingt vertrauen.***

Und so möchte auch ich, dass Sie meinen Auslegungen nur dann folgen, wenn Sie fühlen, dass sie zumindest richtig sein könnten. Ich habe Sie zu diesem kritischen Abstand schon im vorigen Kapitel aufgefordert. Dies ist mir sehr wichtig.

Gehen wir weiter. Bleiben wir zwangsläufig bei unserem Erklärungsversuch bei etwas, das unser Verstand mit seinen begrenzten Fähigkeiten noch nachvollziehen kann; bleiben wir beim Beispiel Wasser.

Zwei Drittel unserer Erde sind mit Wasser bedeckt, und das noch weitgehend unerforschte Leben unter Wasser ist bedeutend umfangreicher als die belebte Welt über Wasser. Etwas, was uns in der Regel kaum bewusst ist. Wir halten uns ja für den Nabel der Schöpfung.

Maßgebende Evolutionstheoretiker sagen, dass alles organische Leben einmal im Wasser entstanden ist und sich von dort kommend auf dem festen Land ausgebreitet hat. Dies lässt sich auch anhand fossiler Funde einigermaßen untermauern. Diese Theorie gilt für Fauna und Flora gleichermaßen und steht übrigens in keinerlei Widerspruch zur biblischen Schöpfungsgeschichte, wenn wir dieser folgen wollen. Danach trennte Gott das Wasser von der festen Erde.

Wasser wäre also tatsächlich so etwas wie eine Ursubstanz des Lebens. Allerdings mit der nicht ganz unwesentlichen Beschränkung auf „organisches Leben“. Alles uns bekannte organische Leben ist tatsächlich vom Vorhandensein von Wasser abhängig, aber unsere menschliche Existenz ist nicht nur organisches Leben.

Wenn wir zum Beispiel - aus welchen Gründen auch immer - auf der Stelle tot umfallen, ist die organische Materie unseres Körpers noch vollständig vorhanden, nicht ein einziges Gramm Materie oder ein einziger Tropfen Wasser fehlen.

Was allerdings fehlt, was sich verabschiedet hat, war das, was diesen Körper lebendig gemacht und erhalten hat, und dies war offensichtlich etwas anders als das immer noch lückenlos vorhandene Wasser. Bleiben wir trotzdem bei unserem Erklärungsversuch. Ein hundertprozentig zutreffendes Beispiel werden wir ohnehin nicht finden.

Wir wissen auch, dass der menschliche Körper zu weit über neunzig Prozent aus Wasser besteht. Selbst die überaus spärliche Tier- und Pflanzenwelt der Wüste ist von den wenigen Wassertropfen abhängig, die ihnen der nächtliche Tau spendet.

Indem wir den Tau erwähnen, haben wir damit gleichzeitig eine der zahlreichen Erscheinungsformen des Wassers genannt. Wasser ist nicht einfach immer nur Wasser.

Wasser hat viele Erscheinungsformen, wie auch Gott unendlich viele Erscheinungsformen hat. Die Luftfeuchtigkeit ist ebenso eine Erscheinungsform des Wassers, wie auch ein hart gefrorener Brocken Eis nichts anderes als eine momentane Erscheinungsform der selben Ursubstanz Wasser ist. Wir wiederum sind eine Erscheinungsform Gottes.

Nun haben wir in unserem Beispiel lediglich zwei mögliche Manifestationen des Wassers genannt: Feinste Verflüchtigung als nicht mehr sichtbare Luftfeuchtigkeit, und im Gegensatz dazu eine hohe Verdichtung des Wassers zum steinharten Eisbrocken. Daneben ist natürlich jede andere Erscheinungsform oder Konsistenz möglich. Wir können Wasser sogar über den Eisbrocken hinaus verdichten und auch umgekehrt noch weit über die Luftfeuchtigkeit hinaus verflüchtigen.

Aber welche Erscheinungsform das Wasser auch immer annimmt, immer bleibt es die Ursubstanz Wasser.

Die verschiedenen Erscheinungsformen einer Ursubstanz sind immer nur augenblickliche Manifestationen.

Wenn Wasser bei starker Sonneneinstrahlung aus der Oberfläche eines Binnensees verdunstet, sich aus der aufsteigenden Luftfeuchtigkeit eine Wolke bildet, die irgendwo wieder als Regen auf die Erde hinabfällt, dann kehrt dieses Wasser - gleichgültig, welchen Weg es auch immer nimmt - wieder in das Urmeer, das diese Erde zu zwei Dritteln bedeckt, zurück. Der Bergsee, die Wolke, der Regen waren nur momentane Erscheinungsformen der gleichen Ursubstanz.

Die Wege der Rückkehr in die Ursubstanz können dabei recht vielfältig sein. Verdunstetes Wasser regnet entweder gleich über dem Meer ab, fällt in die Kanalisation einer Großstadt, landet auf einer Wiese und von dort im Magen einer Kuh … .

Gleichgültig, welchen Weg es auch immer nimmt, gleichgültig, welche Erscheinungsformen es durchläuft, es fließt immer zum Meer zurück. Über eine Kläranlage in den Fluss, durch Versickerung ins Grundwasser, durch den Organismus einer Kuh, anschließende erneute Verdunstung usw. Der Kreislauf kann zwar - zeitlich gemessen - unterschiedlich lang sein, aber er kann nicht aufgehoben werden. Es gibt keinen anderen Weg.

Aus der Urquelle in die Urquelle zurück.

Dieser Erde kann kein einziger Tropfen Wasser verloren gehen, oder wir schießen ihn mit einer Rakete über die Anziehungskraft der Erde hinaus. Dies wäre seine einzige Chance, sich dem Kreislauf zu entziehen.

Auch der Mensch ist so etwas wie ein Tropfen aus einem Urmeer, das wir der Einfachheit halber ebenso bezeichnen können, wie alle Kulturvölker dieser Erde es vor uns getan haben: „Gott“.

Gleichgültig, welchen Namen die Menschen ihrem Gott dabei gegeben haben. Auch die unterschiedlichen Gottesvorstellungen der Menschen stammen letztlich aus der gleichen Urquelle, aus dem gleichen Urmeer.

Dieses Urmeer ist völlig unabhängig davon, ob wir es an einer Stelle dieser Welt als Atlantischen Ozean, als Chinesisches Meer, als Indischen Ozean oder wie auch immer bezeichnen. Alle Meere und Ozeane fließen ebenso ineinander, wie auch alle Religionen dieser Welt ineinanderfließen.

Der Mensch ist nichts anderes als eine kurzfristige Erscheinungsform der Urquelle Gott.

Ebenso, wie die gesamte Flora und Fauna nichts anderes als unterschiedliche Erscheinungsformen der gleichen Urquelle sind.

Alles ist aus der gleichen Ursubstanz hervorgegangen, in allem manifestiert sich die gleiche Ursubstanz, in allem manifestiert sich Gott.

Wenn wir nun auch nur einen einzigen Tropfen aus dem Urmeer entnehmen und diesen Tropfen analysieren, werden wir feststellen, dass auch in diesem einzelnen Tropfen die Charakteristik des Urmeeres enthalten ist.

Der Tropfen entspricht dem Meer, und das Meer entspricht dem Tropfen.

Wenn wir nun, in unserem immer noch recht unzulänglichen Vergleich mit dem Wasser, Gott als das Meer und den einzelnen Menschen als so etwas wie einen Tropfen dieses Meeres sehen, dann muss auch dieser einzelne Tropfen zwangsläufig der Charakteristika des Urmeeres, muss auch dieser einzelne Tropfen dem Bild Gottes entsprechen. Im Tropfenformat zwar, aber immerhin.

Der Mensch kann mit Fug und Recht sagen, dass er göttlicher Natur ist.

Trauen wir uns ruhig! Woraus wir aber nicht fälschlicherweise schließen sollten, dass Gott nun doch so etwas wie ein Supermensch ist.

Was hier gemeint ist, bezieht sich nicht auf das äußere Bild. Es bezieht sich ausschließlich auf die immaterielle Ebene. Gott hat keine Form, Gott ist apersonal. Eine Form entsteht erst dann, wenn sich die göttliche Ursubstanz in einer Form manifestiert. Jeder einzelne Mensch, ja die gesamte Schöpfung, ist eine göttliche Manifestation.

Gott lebt sich selbst in seiner Schöpfung.

Wenn nun auch der Mensch von sich sagen kann, göttlicher Natur zu sein, dies wirklich zu verinnerlichen und in sein tägliches Leben zu integrieren, schafft er das in der Regel nur schwerlich.

Er kann dies ebenso wenig glauben und verinnerlichen wie die sich daraus zwingend ergebende Logik, dass er in seiner Ursubstanz mit allem verbunden ist und sich lediglich durch seine momentane Erscheinungsform unterscheidet.

Er sieht sich trotz seiner gemeinsamen Ursubstanz als etwas Einziges und Alleiniges. Er unterscheidet in Du und Ich und schafft sich damit wieder jene Polarität, die sein begrenzter Verstand für seine Arbeitsweise braucht.

Unser menschlicher Verstand bleibt immer in der Begrenzung der Polarität verhaftet, während unser göttlicher Kern außerhalb jeder Begrenzung existiert.

Damit ist eine gewisse Zerrissenheit des Menschen zwischen intuitivem Wissen und Fühlen (unbegrenzte Ebene) und seinem verstandesmäßigen Erkennen (begrenzte Ebene) vorprogrammiert. Ein dauernder Konflikt. Die eine Seite fühlt und möchte, die andere Seite will oder kann nicht.

Ich kann auf diese Zweipoligkeit des Menschen gar nicht oft genug hinweisen, denn unser Unterbewusstsein sperrt sich in der Regel gegen eine solche Erkenntnis. Es ist in seiner begrenzten menschlichen Existenz verhaftet, und dabei zu seinen eigenen Wahrheiten gekommen und verteidigt diese Wahrheiten mit aller Macht. Vielleicht ist gerade noch ein *„Wir können ja mal versuchen"* möglich, aber dann sollten wir doch auf jeden Fall zur Vorsicht ...

Erst im Moment einer Erleuchtung, wie sie Buddha und andere große Meister erfahren haben, wird uns unsere Einheit mit allem Sein offenbar. Hier löst sich die Illusion unseres getrennten Ichs auf.

„Der Vater und ich sind eins", sagte Jesus, und Buddha soll nach seiner Erleuchtung gesagt haben: „Ich bin der Einzige im Himmel und auf Erden". Ja, es gibt tatsächlich nur das Einzige und Eine, und wenn ich mir dessen bewusst werde, bin ich ebenso das Eine, wie das Eine ich ist.

Verzeihung, lieber Verstand, das ist nun wirklich zu viel für dich, und deine größte Torheit wäre es, nun daraus ableiten zu wollen, dass du Gott bist. Einige Träumer behaupten so etwas tatsächlich.

Aber nun müssen wir nicht unbedingt auf unsere Erleuchtung zu Lebzeiten warten, so schön ein solches Ereignis auch wäre. In der Regel sind wir davon noch sehr weit entfernt, trotz aller möglichen Anstrengungen. Unsere Anstrengungen können uns bis vor die Tür bringen, ob sich diese Tür dann auch für uns öffnet, liegt nicht in unserer Hand.

Eigentlich würde es ja schon genügen zu erwachen, eigentlich würde es ja schon genügen, uns unseres wahren Seins bewusst zu werden. Aber lassen wir uns nicht irritieren, wir haben noch eine andere und mit absoluter Sicherheit eintretende Chance der Erfahrung der allumfassenden Einheit.

Im Moment unseres körperlichen Todes, den wir, die unbegrenzte Seele, mit Sicherheit nicht zum ersten Mal erfahren, löst sich die Illusion unseres getrennten Ichs wieder auf. Der Tropfen kehrt wieder in die Quelle zurück, bis er sich irgendwann erneut als eine Manifestation der göttlichen Quelle in den Kreislauf der Schöpfung ergießt.

Johann Wolfgang von Goethe – ein Wissender – sagte dazu: Wenn wir geboren werden, stehen alle um uns herum und lachen – und wir weinen. Wenn wir gestorben sind, stehen alle um uns herum und weinen – und wir lachen.

Eine Frage, die mir sehr häufig gestellt wird, ist, ob sich dieser Tropfen im Falle des körperlichen Todes dann wieder vollständig mit der Quelle vermischt oder ob etwas von seiner zuletzt empfundenen Individualität erhalten bleibt.

Meine Antwort: Es gibt keine Individualität, dies wäre ein direkter Widerspruch zur Alleinheit. In direkter Weise bleibt von der zuletzt auf der menschlichen Ebene empfundenen Individualität rein gar nichts übrig. Den Fritz Luftblase oder die Erna Pustekuchen wird es so nicht weiter geben. Sie waren im Angesicht der zeitlosen Ewigkeit nichts als eine Eintagsfliege. So ernst sie sich dabei auch selbst genommen haben mögen.

In indirekter Weise bleibt jedoch eine ganze Menge ihres vergangenen Seins zurück, und zwar schon allein dadurch, dass dieses Sein unveränderlich Bestandteil der Quelle bleibt und dieser Quelle nicht ein einziger Bestandteil verloren geht. Ebenso wenig, wie der Erde auch nur ein einziger Tropfen Wasser abhanden kommen könnte, wie wir bereits festgestellt haben.

Auch dazu ein für unseren Verstand verarbeitbares Beispiel: Wenn Sie Wasser in einem Topf erhitzen und mit einem Glasdeckel abdecken, können Sie beobachten, dass sich schon nach sehr kurzer Zeit auf der Unterseite des Glasdeckels Tropfen bilden, die dann nach einer Phase des Anwachsens wieder in das Wasser zurückfallen. Für einen kurzen Moment konnte sich ein solcher Tropfen der Illusion einer isolierten Einzigartigkeit hingeben, die ja auch durchaus beweisbar war.

Aber in Wahrheit war diese beweisbare Individualität nichts anderes als ein Bestandteil des Wassers, der wieder in selbiges zurückfiel. Während seiner kurzen Einzigartigkeit besaß er natürlich die Charakteristika des Wassers, aus dem er aufgestiegen war.

Steigt nun ein neuer Tropfen auf und fällt ebenso wieder in den Topf zurück, dann entspricht auch dieser neue Tropfen exakt dem vorherigen Tropfen, ohne jedoch mit ihm völlig identisch zu sein.

Macht ein solcher Tropfen auf seiner kurzen Reise eine neue Erfahrung, kommt er zum Beispiel mit Pfeffer in Berührung, der vielleicht am schlecht gereinigten Deckelrand klebte, dann fällt auch eine Spur dieser Erfahrung, fällt eine Spur dieses Pfeffers in die Quelle zurück und kann nahtlos in den nächsten Tropfen übergehen.

In der göttlichen Quelle ist alles enthalten, was jemals war und was jemals sein wird.

Es geht nichts verloren. Aber auch so etwas kann unser Verstand nicht verstehen. In einem unendlichen Schöpfungsprozess entwickelt und gebiert die göttliche Quelle ihre Erscheinungsformen immer wieder neu, und was die Quelle in der Erscheinungsform Fritz Luftblase oder Erna Pustkuchen verwirklichen konnte, bleibt als Erfahrung zurück und wird in einer neuen Erscheinungsform weitergeführt.

Nichts geschieht isoliert, nichts geschieht ohne Sinn, nichts bleibt unerledigt oder unvollkommen, und keine Erfahrung geht verloren.

Das, was die Quelle in unserer jetzigen menschlichen Erscheinungsform nicht verwirklichen konnte, weil wir etwas nicht erkannt haben, weil wir uns verweigert haben, weil wir in der Illusion unserer Einzigartigkeit gefesselt waren, wird die Quelle mit Sicherheit in neuen Erscheinungsformen weiterführen und zu Ende bringen.

*Nicht direkt von uns,
aber indirekt doch von uns,
wenn wir unser wahres ICH mit
unserer göttlichen Quelle identifizieren.*

Nun kann ich Sie nur noch um Nachsicht dafür bitten, dass mir kein geeigneteres Beispiel als das Wasser einfiel. Jeder Vergleich würde irgendwo hinken, wenn wir über Gott reden, denn wir reden dabei über etwas ganz und gar Unvergleichbares.

Aber welchen Nutzen können wir nun im Alltag aus diesen Erkenntnissen ziehen? Wie hilft uns das bei einer Auseinandersetzung mit unserem Partner, unserem Chef, dem Finanzamt, der Politesse, die uns gerade um 15 Euro erleichtert hat?

In direkter Weise rein gar nichts - in indirekter Weise eine ganze Menge.

Wenn alles mit allem zusammenhängt, muss auch alles, was in diesem Zusammenhang geschieht, einen gewissen Sinn haben, oder diese Schöpfung wäre vollkommen sinnlos, würde im Chaos enden und sich irgendwann selbst eliminieren.

Die Auseinandersetzung mit unserem Partner macht einen Sinn, auch wenn wir diesen Sinn zunächst nicht erkennen sollten. Es ist ebenso ein Lernstoff, wie auch die Auseinandersetzung mit unserem Chef, dem Finanzamt oder der Politesse nichts als ein uns - und auch unserem Gegenüber - servierter Lernstoff sind. Außer unseren gegenseitigen Erfahrungen bleibt von solchen Problemen rein gar nichts übrig.

Wenn wir auf diesen Sinn vertrauen, wenn wir darauf vertrauen, dass nichts gegen, sondern immer nur für uns geschieht - auch wenn wir das zunächst nicht erkennen können und eher das genaue Gegenteil erwartet hätten - dann leben wir bereits im Urvertrauen.

Dann leben wir bereits in einem Energiefeld, das uns die Probleme, denen wir begegnen, in innerer Ruhe und Gelassenheit betrachten lässt.

Auch das hat einen Sinn.
Auch das wird vorübergehen.
Auch das wird mich weiterbringen.

Ich hoffe, dass Sie Ihren Verstand trotz der Unzulänglichkeit meines Beispiel mit dem Wasser ein wenig im Zaum halten konnten und zumindest so etwas wie gefühlte Erkenntnis gewonnen haben. Es würde so manches relativieren. Vor allem die Wichtigkeit unseres begrenzten Egos.

Dem Fisch, der im grenzenlosen Ozean schwimmt, ist in keiner Weise bewusst, dass er im Ozean schwimmt, obwohl er eine Schöpfung des Ozeans ist. Er ist dort entstanden, er wird dort in seiner jetzigen Form vergehen und eine neue Generation wird nach ihm sein. Er ist und bleibt ozeanischer Natur.

Sie und ich und jeder Mensch, der uns begegnet, ist göttlicher Natur – auch wenn das manchmal nicht leicht zu entdecken ist.

3

Schauen Sie in den Spiegel

Was sehen Sie? Ihr Gesicht natürlich oder auch Ihren ganzen Körper, wenn Sie weit genug vom Spiegel entfernt stehen. Vielleicht auch noch etwas von dem Umfeld, in dem Sie sich im Moment befinden, Ihr Hintergrund sozusagen. Aber was auch immer Sie da sehen, es ist lediglich die äußere Erscheinungsform von etwas, das selbst unsichtbar bleibt.

Das, was Sie in Wahrheit sind, das, was Ihr wahrer Hintergrund ist, können Sie mit Ihren Augen nicht sehen.

Ja, Sie können nicht einmal Ihre Gedanken oder Ihre Gefühle sehen. Zwar mag Ihr Körper durch Haltung und Mimik signalisieren, was in ihm vorgeht, aber sehen können Sie es nicht. Auch wenn Sie einen anderen Menschen betrachten, sehen Sie lediglich seine momentane Erscheinung, sehen Sie lediglich den momentanen Hintergrund von etwas, das selbst immer unsichtbar bleibt. Zwar können Sie sehen, dass der Mensch, der Ihnen gegenübersteht, lebendig ist, aber das, was ihn lebendig macht, das Leben in ihm, das können Sie nicht sehen.

Der Fritz Luftschloss, den Sie da sehen, ist nichts anderes als eine momentane Erscheinungsform von etwas, das ihm selbst wahrscheinlich nicht einmal bewusst ist. Er identifiziert sein „Ich" in der Regel mit dem, was er sieht. „Das bin ich, das sehe ich ja, und dieses Bild ziert ja schließlich auch meinen Personalausweis." Ein amtlicher Beweis also!

Wir können noch einen Schritt weiter gehen. Das Gleiche gilt, wenn Sie ein Tier betrachten, wenn Sie eine zarte Pflanze oder auch einen mächtigen Baum bewundern und auf sich wirken lassen.

Alles, was Sie sehen, ist nichts anderes als eine momentane Erscheinungsform der gleichen Ursubstanz. Alles entspringt der gleichen Quelle.

Gott lebt und feiert sich selbst in seiner Schöpfung.

Im Hinduismus kennen wir dazu die Darstellung des in einem Feuerrad tanzenden Shiva. Gott tanzt die Schöpfung und bleibt doch selbst ebenso unsichtbar, wie das göttliche Element immer unsichtbar bleibt, das Ihren Körper lebendig macht.

Professor Sauerbruch, einer der berühmten Chirurgen der Vergangenheit, sagte, dass er schon Hunderte Körper operiert hat, aber noch nie eine Seele gefunden hat. Ja, wie sollte er auch?

Jede Form dieser Schöpfung ist eine Manifestation Gottes, der selbst formlos bleibt.

Würden wir nun daraus schließen, dass Gott in jedem Detail seiner Schöpfung enthalten ist, dann würde das zunächst zwar durchaus logisch klingen, wäre aber trotzdem falsch. Richtig wäre dagegen die Feststellung, dass alle Schöpfung, dass alle Lebewesen, dass alles Sichtbare wie Unsichtbare in Gott enthalten ist.

Ein nicht ganz unwesentlicher Unterschied. Die Schöpfung ist nicht nur ein Ausdruck Gottes. Gott und die Schöpfung sind eins. Wir können diese Einheit nicht trennen.

Gott ist nicht in uns –
wir sind in Gott!

Wir sind untrennbar. Gott ist nicht irgendwo da und wir hier. Verzeihen Sie mir, wenn ich dies des Öfteren wiederhole, ich möchte, dass Sie das wirklich verinnerlichen, was nicht so ganz selbstverständlich ist.

Nicht der Mensch hat eine Seele –
die Seele hat einen Menschen.

Der begrenzte Mensch kann nicht das Unbegrenzte besitzen; es kann nur umgekehrt sein.

Für unseren begrenzten Verstand nur schwer oder gar nicht zu verarbeiten, denn dann müsste ja auch all das, was wir als negativ bewerten, dann müssten ja auch Menschen, die nichts als Unglück über diese Welt gebracht haben – und vielleicht immer noch bringen – eine Manifestation der gleichen göttlichen Ursubstanz sein. Aber in der Regel sprechen wir doch von einem „lieben" Gott.

Nur schwer zu akzeptieren, solange wir unsere menschliche Bewertung von Gut und Böse, von Glück und Unglück zum Maßstab nehmen und den Tod als endgültiges Ende sehen.

Es gibt keinen Tod.
Es gibt nur den dauernden Wechsel
der Erscheinungsform.
Tod ist ebenso Anfang wie Ende.

Wenn wir versuchen über den Tellerrand hinauszublicken, wenn wir versuchen die Entwicklung des Ganzen zum Maßstab zu nehmen, werden wir entdecken, dass auch Menschen, die wir als Unglück für die Menschheit betrachten, ebenso eine Funktion im Räderwerk der Schöpfung hatten wie die Menschen, die wir als Glück für die Menschheit einstuften.

Die Schöpfung wäre nicht komplett, wenn sie nicht alle Perspektiven enthalten würde. Auch der Mensch wäre nicht komplett, wenn er nicht die Fähigkeit zum Guten wie auch zum Bösen gleichermaßen in sich tragen würde.

Diese Schöpfung steht keinen Moment still. Wir sind mittendrin in einem unendlichen Schöpfungsprozess. Verzeihen Sie mir auch hier die Ungenauigkeit der Sprache. In etwas Unendlichem gibt es natürlich keine Mitte. Eine Mitte würde es ja nur dann geben, wenn es einen Anfang und ein Ende gäbe. Aber es gibt weder Anfang noch Ende, „es gibt", und das ist alles.

Gott hat nicht einmalig etwas geschaffen, sich danach genüsslich in seinen Sessel zurückgelehnt und auf die Beobachterposition zurückgezogen. Gott gebiert sich selbst jeden Tag in immer neuen Erscheinungsformen - auch in uns und durch uns. Wir sind ein lebendiger Ausdruck Gottes.

So kann ich nicht verstehen, dass man aus der Darwinschen Evolutionstheorie eine Verneinung der Existenz eines Gottes ableiten will. Dass sich zum Beispiel Finken gleicher Art auf unterschiedlichen Galapagos-Inseln unterschiedlich entwickelt und dadurch den unterschiedlichen Lebensbedingungen angepasst haben, ist doch eher ein Beweis für die allzeit formende Schöpfungskraft und nicht für das Gegenteil. Natürlich entwickeln sich alle Arten weiter. Natürlich entstehen neue Arten, während andere Arten vergehen. Dies ist Teil des immerwährenden Schöpfungsprozesses, den selbst die idealistischsten Naturschützer nicht aufhalten können, was natürlich kein Freibrief sein soll.

Das „Ver"-gehen des Bestehenden
ist die Voraussetzung
für das „Ent"-stehen des Neuen.

Auch unsere jetzige Erscheinung wird in diesem Kreislauf vergehen und einem Nachfolger oder einer Nachfolgerin Platz machen, die dann den Unfug, den wir getrieben haben, hoffentlich nicht einfach so weiterführen.

Das Prinzip der Schöpfung ist dauernde Weiterentwicklung und nicht Stillstand, auch wenn wir gerne hätten, dass manches so bliebe, wie es im Augenblick ist.

Vielleicht denken wir, dass wir es jetzt doch endlich geschafft, dass wir unser Leben endlich eingerichtet haben. Wir lieben uns und unsere Kinder, haben endlich ein sicheres Einkommen und sind auch relativ gesund. Warum kann es nicht einfach so bleiben, wie es ist? Verzeihung, es wird nicht so bleiben, wie es ist! Nichts bleibt so, wie es ist!

Aber diese dauernde Weiterentwicklung, dieses dauernde Entstehen und Vergehen geschieht nicht zufällig und ungeordnet.

Diese Erde wird sich in Zukunft ebenso verändern, wie sie sich in der Vergangenheit immer wieder verändert hat. Wir können ihr nicht den Stillstand verordnen. Wir können nicht erreichen, dass alles so bleibt, wie es ist.

Das göttliche Spiel der Schöpfung dreht sich unaufhörlich weiter. Wir können es nicht anhalten.

Das menschliche Streben nach Sicherheit ist zwar durchaus verständlich, aber so etwas wie Sicherheit gibt es leider nicht, auch wenn die mächtige Branche der Versicherer von diesem unerfüllbaren Wunsch lebt.

Beängstigend? Warum eigentlich? Wir, das heißt unser wahres ICH BIN, sind doch wesensgleich mit dieser sich immer wieder neu manifestierenden Ursubstanz. So wie der Tropfen aus dem Ozean ozeanischer Natur ist. Wenn wir das verinnerlichen, haben wir doch allen Grund zu vertrauen, wenn wir das verinnerlichen, leben wir im Urvertrauen.

Unser begrenzter Verstand ist es, der Angst hat. Zu Recht, denn unser Verstand vergeht, unser unbegrenztes geistiges Ich Bin hingegen bleibt bestehen und wechselt lediglich seine Erscheinungsform – mit oder außerhalb einer materiellen Manifestation.

Würde es dabei so etwas wie die Möglichkeit eines Zufalls geben, würde das Universum zusammenbrechen. Aber wie wir beobachten können, greift alles mit der Präzision eines Schweizer Uhrwerks ineinander. Das Wort „Zufall“ ist lediglich der Ausdruck für etwas, dessen Hintergrund wir nicht erkennen und erklären können. Es fällt uns nicht einfach irgendetwas zu. Auch diese Erkenntnis ist ein Ausdruck des Urvertrauens.

Unser begrenzter menschlicher Verstand ist - wie ich schon dargelegt habe - in der Polarität verankert, er denkt in Ich und Du, in Oben und Unten, in Kalt oder Warm. Für ihn kann Ich und Du, kann Oben und Unten, kann Kalt und Warm niemals gleich sein. Seine gesamte mühsam aufgebaute Logik käme dadurch ins Wanken. Er braucht die Polarität, um einen Standort feststellen zu können.

Den meisten Menschen genügt deshalb das äußere Bild der Dinge, sie schauen nicht tiefer, sie wollen gar nicht tiefer schauen, und sie können auch nicht tiefer schauen, es würde ihnen ohnehin schwindelig werden.

Sie identifizieren sich völlig mit ihrer eigenen äußeren Erscheinung, dem dazu gehörenden Umfeld, und auch wenn sie einen anderen Menschen betrachten, identifizieren sie diesen mit seiner äußeren Erscheinung und seinem Umfeld.

Sie leben und erleben auf einer sehr begrenzten Ebene. Sie bleiben in der Überschaubarkeit des Äußeren, sie bleiben auf einer für ihren Verstand nachvollziehbaren und verarbeitbaren Ebene und scheuen den Schritt in die unbegrenzte, geistige Dimension.

Aber auch aus diesem bequemen Sessel werden sie über kurz oder lang vertrieben werden. Die Schöpfung bleibt ihretwegen nicht stehen. Der dauernde Umbruch wird auch vor denen nicht haltmachen, die sich ihm zu entziehen versuchen. Er fällt dann lediglich etwas schmerzhafter für sie aus.

Ich höre immer wieder Menschen verkünden, dass wir uns in einem Zeitalter gewaltiger Veränderungen befinden und dass diese Veränderungen, für die sogar konkrete Daten genannt werden, unmittelbar bevorstehen. Haben diese Menschen nun Recht oder haben sie Unrecht? Wie denken Sie darüber?

Meine Antwort: Es hat noch nie eine Zeit ohne gewaltige Veränderungen gegeben, und es wird auch in Zukunft keine Zeit ohne gewaltige Umbrüche und Veränderungen geben. Allerdings müssen wir dafür den Zeitrahmen etwas großzügiger stecken.

Die Prophetie der Umbrüche ist also nichts anderes, als wenn ich Ihnen prophezeie, dass auch das nächste und übernächste Jahr kommen wird, wozu ich Ihnen sogar ein exaktes Datum nennen kann. Es ist jeweils der erste Tag des Monats Januar. Ich kann Ihnen sogar vorhersagen, dass die Welt am 1. Januar in drei Jahren nicht mehr die gleiche sein wird, wie sie es am 1. Januar dieses Jahres war. Es wird bis dahin eine Menge Umbrüche und Veränderungen gegeben haben, und wir sind gut beraten, diese Veränderungen mitzugehen, statt uns dagegen zu stemmen.

Das Weiche, Elastische, Biegsame ist ein Zeichen des Lebens. Das Harte, Starre, Unbeugsame ist das Zeichen des Todes. *(Laotse)*

4

Die richtige Verankerung unseres ICH-Bewusstseins

Ob wir uns schwach und hilflos oder ob wir uns mächtig und stark fühlen, ist in erster Linie eine Frage unseres Ich-Bewusstseins. Wer oder was sind wir? Womit identifizieren wir uns?

Identifizieren wir unser ICH mit unserer körperlichen Materie und mit all dem, was damit verbunden ist - Ansehen, Besitz, gesellschaftliche Stellung, Beruf, Aussehen und dergleichen, mögen wir uns zwar im Moment stark oder auch schwach fühlen - je nach dem, was unsere Verhältnisse z.Zt. hergeben. In jedem Fall befinden wir uns auf einem sehr schwankenden Fundament.

Die äußeren Umstände, aus denen wir in diesen Fällen unser ICH-Bewusstsein ableiten, können sich ändern und werden sich ändern - in diese oder in jene Richtung. Garantiert! Nichts bleibt so, wie es ist.

Es wird uns unvermeidbar schütteln und rütteln. Mit dem Absichern und Festigen einer auf schwankendem Fundament gegründeten ICH-Identifikation ist uns so etwas wie eine nie endende Vollbeschäftigung sicher.

Wir laufen dem Bild, das wir uns selbst von uns errichtet haben, täglich hinterher und müssen unserer eigenen ICH-Vorstellung gerecht werden.

Ein mühsamer Job! Denn brechen dann Teile unseres mühsam errichteten Außenbildes weg, bröckelt es natürlich auch gewaltig an unserem daraus abgeleiteten ICH, was so weit gehen kann, dass wir die Orientierung völlig verlieren.

Wir glauben, uns nicht mehr sehen lassen zu können, nun völlig blamiert und nichts mehr wert zu sein, und setzen womöglich sogar unserem Leben ein Ende.

Keinesfalls ein Extrem, wie Sie spontan denken mögen. Es gibt unendlich viele Beispiele solcher Zusammenbrüche. In den Tagen, in denen ich dieses Kapitel schreibe, warf sich der Milliardär Adolf Merckle vor den Zug, weil der von ihm aufgebaute Konzern in finanzielle Schwierigkeiten geraten war und Teile seines Konzerns von den Gläubigerbanken verkauft werden sollten. Sicher wäre ihm immer noch genügend übrig geblieben, um in Ruhe und Frieden weiter leben zu können, aber er hatte sein ICH mit dem Konzern verwechselt. Konzern weg - ICH weg! Welch reiche Armut!

Leiten wir umgekehrt unsere Schwäche, unsere Bedeutungslosigkeit oder vielleicht sogar unser Unvermögen aus unserer momentanen Lebenssituation ab, so nach dem Motto „aus mir wird leider nie was", was man uns vielleicht sogar schon als Kind suggeriert hat, dann sitzen wir ebenfalls in einem Gefängnis, aus dem es für uns keinen Ausweg zu geben scheint.

Selbst wenn man die Türen weit öffnen würde, würden wir sie nicht durchschreiten. Wir können uns gar nicht vorstellen, sie zu durchschreiten, denn wir wissen ja, dass leider nie etwas aus uns wird. Unsere auf der unbewussten Ebene verankerten Denk- und Verhaltensmuster halten uns fest im Griff.

Überlegen Sie bitte einen Moment, womit Sie Ihr ICH verbinden und was Sie täglich in dieses ICH investieren.

Überlegen Sie bitte auch, ob Sie dieses ICH bis zum Ende Ihrer Tage aufrechterhalten können und wollen.

Welches Pflänzchen gießen Sie da eigentlich? Hat das wirklich etwas mit Ihnen zu tun? Sind das wirklich Sie?

Was Sie dann mit Ihrer gewonnenen Erkenntnis machen, ist natürlich allein Ihre Sache. Sie müssen ja mit niemandem darüber reden und am Ende gar Ihr einmal gefundenes Selbstbild gefährden. Die Argumente zur Beibehaltung des gewohnten Rollenspiels sind in jedem Fall erdrückend: *Sie können ja gar nicht anders. Ihr Umfeld würde jede vermeintliche Schwäche gnadenlos ausnutzen und jeden Versuch, endlich einmal Stärke zu signalisieren, nur müde belächeln. Die Welt ist nun einmal so, wie sie ist. Man gehört eben dazu oder nicht. Alles hat seinen Preis.*

Nichts als faule Alibis.

Wer sich nicht bewegt, der wird bewegt.

Bewegen wir uns doch lieber selbst!

Der Aufbau einer ICH-Identifikation auf äußeren Umständen ist in jedem Fall ein selbstgebauter Käfig, in dem wir sitzen! Wir könnten diesen Käfig sofort verlassen, das Problem ist nur,

dass wir es gar nicht erst für möglich halten, ihn zu verlassen, und es somit auch nicht probieren.

Bitte verstehen Sie das nicht falsch.

Ich habe nichts gegen Reichtum.

Ich habe nichts gegen ein hohes Ansehen.

Ich habe nichts gegen ein gutes Aussehen.

Ich habe rein gar nichts gegen Besitz in jeder Form.

Ich habe auch nichts gegen das genaue Gegenteil, ein Leben in sehr bescheidenen Verhältnissen.

Ich warne aber ausdrücklich davor, dies alles mit unserem ICH zu verwechseln und dann daraus unser Selbstbewusstsein zu beziehen.

Wenn wir diesen Fehler machen, haben uns unsere Lebensumstände in der Hand, statt dass wir unsere Lebensumstände in der Hand haben.

Ein ganz elementarer Unterschied, wie Sie unschwer erkennen. Egal, auf welcher Seite wir uns sehen, wir sind Gefangene in einem selbst errichteten Käfig. Wenn wir diesen Fehler machen, geht uns die Leichtigkeit verloren, geht uns das Spielerische verloren, wird aus dem, was uns Freude bereiten könnte, blutiger Ernst, wird das Leben zum täglichen Kampf, befinden wir uns in immerwährender Habachtstellung und wittern wir in allem einen Angriff.

Das Traurige dabei ist, dass wir dadurch keinesfalls besser werden, ganz im Gegenteil, wir verkrampfen immer mehr, werden schlechter und unflexibler.

Ein auf schwankendem Fundament aufgebautes ICH und der tägliche Kampf, dieses ICH zu erhalten oder es endlich zu verbessern, endlich einmal weiterzukommen, werden uns über kurz oder lang auszehren.

Mit einem von äußeren Umständen abgeleiteten ICH sind wir niemals irgendwo angekommen, kommen wir niemals zur Ruhe.

Wie gesagt, entweder müssen wir endlich etwas schaffen oder das bereits Geschaffene verteidigen. Aber wir können auf dieser Welt nichts aufrechterhalten, wir können nichts konservieren, wir können nichts festhalten. Die Schöpfung ist in dauernder Bewegung.

Was heute oben ist,
wird morgen unten sein,
und was heute unten ist,
wird morgen oben sein.

Das einzige, was wir tun können, ist, den Bewegungen zu vertrauen und sich ihnen nicht entgegenzustellen. Diese Bewegungen schaffen immer wieder einen Ausgleich. Das eine geht und das andere kommt. Erst in diesen Bewegungen ist so etwas wie eine ausgleichende Gerechtigkeit zu erkennen.

Brauchen Sie dazu Beispiele? – Ich glaube nicht! Schauen Sie sich um unter unseren Politikern, Schauspielern, Sportler, die es zu etwas gebracht haben, wie man so schön sagt. Was bleibt in der Regel am Ende? Eigentlich nur die Vergangenheit!

Die neue Gegenwart, die ganz andere Höhepunkte haben könnte, wird immer wieder mit der Vergangenheit verglichen und nur schwer angenommen. Wie schade. Sie leben nicht, was sie sind, sie leben, was sie waren. Natürlich gibt es wie überall Ausnahmen, gibt es Menschen, die im Alter tatsächlich ihren Höhepunkt und nicht ihren Niedergang leben.

Nun wird mancher einwenden, dass es nun einmal so ist, dass der Mensch im Alter abbaut. Dies ist ebenso richtig, wie es falsch ist. Es kommt auch dabei wieder auf die Ebene an, mit der wir einen Menschen identifizieren.

Unsere körperliche Materie wird abbauen, auch wenn wir dies durch körperliche und mentale Fitness etwas verlangsamen können. Unsere geistig-seelische Ebene hingegen ist ebenso ohne Alter, wie Gott ohne Alter ist.

Wir können unsere geistig-göttliche Ebene in körperlichem Alter ebenso leben, wie wir sie in körperlicher Jugend leben können. Ja, in der Regel steigt sogar unser Bewusstsein für diese Ebene mit dem körperlichen Alter, wenn wir dieses Bewusstsein bis dahin nicht durch eine falsche ICH-Identifikation mit der Materie abgetötet haben.

Ein auf vergänglichen Äußerlichkeiten aufgebautes Selbstbild ist immer instabil. Ein auf dem Bewusstsein unseres wahren und unbegrenzten Seins aufgebautes Selbstbild ist hingegen immer stabil.

Ob ein auf Äußerlichkeiten aufgebaute Selbstbild nun im Rahmen des ständigen Wandels zu unserem Vorteil oder zu unserem Nachteil eingerissen wird, unterliegt wiederum den Bewertungen unseres begrenzten Verstandes. Einmal betrachten wir es als Glück und ein anderes Mal als Unglück.

Seien Sie ganz sicher, das Prinzip der Schöpfung, nach dem nichts so bleibt, wie es ist, kümmert sich nicht im Geringsten um unsere Bewertungen, mögen wir nun dabei jammern, oder mögen wir dabei Hurra schreien.

Aus meiner eigenen Lebenserfahrung kann ich Ihnen sagen, dass das Selbstbild, das ich in jungen Jahren von mir errichtet hatte, mehr als einmal heftig eingerissen wurde. Nie konnte ich einsehen, dass es für mich und nicht gegen mich geschah. Mein begrenzter Verstand tobte, beklagte die himmelschreiende Ungerechtigkeit und zweifelte daran, dass es so etwas wie Gerechtigkeit überhaupt geben könne.

Heute weiß ich, dass gerade dies die ganz entscheidenden Wegkorrekturen waren und dass ich ohne diese schmerzhaften Wegkorrekturen niemals dort angekommen wäre, wo ich heute sein darf. Ich wäre wohl mehr dem Humus als der Humanität verbunden.

Heute bin ich für das, was ich damals so heftig beklagt habe, überaus dankbar. Heute sehe ich die Umstände aus meinem unbegrenzten Sein. Damals sah ich sie noch aus der begrenzten Sicht meines vorwiegend in der Materie verhafteten Ego-Ichs.

Machen wir uns bewusst, was wir in Wahrheit sind, machen wir uns bewusst, dass dieser Körper und die Rolle, die wir darin

spielen, nur eine sehr begrenzte und kurzfristige Angelegenheit sind. Wir, das unbegrenzte göttlich-geistige ICH BIN, waren vor diesem Körper, und wir werden nach diesem Körper sein.

Dieser Körper ist wie ein Haus, das wir zur Zeit bewohnen. Dieses Haus wird irgendwann einmal abgerissen werden. Was ist nun wichtiger: das, was abgerissen wird, oder das was erhalten bleibt?

Wenn wir es schaffen,
mit der Gelassenheit dessen, was bleibt,
auf die kurzfristigen Umtriebe
dessen zu schauen, was vergeht,
leben wir in einer ganz anderen Lebensqualität,
leben wir im Urvertrauen

Was stört´s die Eiche, wenn der Dackel sie anpinkelt? (Verzeihung, so etwas sagt man natürlich nicht in einem solchen Buch!) Aber auch das, was ich hiermit meine, sollten Sie bitte nicht missverstehen. Das heißt nicht, dass uns nun alles egal ist. Dass wir unseren Körper vernachlässigen – er wird ja ohnehin vergehen.

Natürlich wird er vergehen, aber in diesem Körper wohnt zur Zeit etwas ganz Wunderbares, und wir bereiten diesem Wunderbaren eine angemessene Wohnung. Dieses Wunderbare ist ein sichtbarer Ausdruck der göttlichen Ursubstanz. Dieses Wunderbare „ist" eine Manifestation der göttlichen Ursubstanz. Wie gesagt: „Ein Tropfen aus der göttlichen Quelle".

Aber was ist nun die Konsequenz aus allem, was ist nun ICH, wenn ich ICH sage?

Leider ist dies nicht immer so klar zu trennen, wie ich es hier anrege. Eine Behörde sieht in unserem ICH natürlich das, was in unseren so genannten Personalien steht. Diese Personalien können wir auf unserer begrenzten irdischen Ebene niemals loswerden.

Wenn wir eine rote Ampel überfahren, hat es nicht die geringste Aussicht auf Erfolg, der Polizei zu erklären, dass wir das in Wahrheit gar nicht waren, sondern nur der vergängliche Körper, den wir im Moment bewohnen. Auch der Bußgeldbescheid wird an die Adresse gemäß unserer Personalien und nicht etwa in den Himmel - wo auch immer der sein soll - geschickt.

Solange wir auf dieser Erde leben, sind wir so etwas wie eine Kombination zweier völlig verschiedener Ebenen, und keine dieser beiden Ebenen können wir leugnen.

Auch wenn einige Menschen dies zumindest mit der göttlich-geistigen Ebene versuchen. Für sie zählt nur das, was sie sehen, anfassen und nachprüfen können. So etwas wie Gott ist für sie nicht existent.

In diesem Fall empfehle ich dann sofort das Atmen einzustellen, denn die Luft, die sie da ein- und ausatmen, können sie ja auch nicht sehen oder anfassen. Was soll also das dauernde Getue, da ist doch nichts. Also liebe Leute, seid konsequent!

Lassen wir uns durch unsere momentane Verhaftung auf zwei verschiedenen Ebenen nicht irritieren. Es liegt allein an uns, einer der beiden Ebenen die Führungsrolle zu übertragen. Es liegt allein an uns, mit welcher Ebene wir uns identifizieren.

Wer führt wen?
Wer besitzt wen?
Wer ist der Hausherr?
Wer ist Herr und Meister dieser seltsamen Konstruktion?
Wer setzt den Wertemaßstab?

Spätestens in dem, was wir als Tod bezeichnen, löst sich die kurzzeitige Verbindung der beiden Ebenen eines Menschen ohnehin wieder auf.

Dank der Forschungen von Frau Dr. med. Elisabeth Kübler-Ross und anderen Wissenschaftlern wissen wir ja inzwischen ziemlich genau, was im körperlichen Tod passiert. Wir, das göttlich-geistige ICH-BIN, erleben den Tod unseres Körpers aus einer gewissen Distanz. Wir wissen, es ist unser Körper, der da gestorben ist. Wir können ihn wie von der Zimmerdecke aus betrachten. Wir erleben auch, was um uns herum und mit diesem Körper geschieht (unser Bewusstsein bleibt voll erhalten), aber wir fühlen uns in keiner Weise mehr mit diesem Körper verbunden.

Es durchströmt uns das wunderbare Wohlgefühl endlich frei zu sein! Endlich heraus aus diesem engen Gefängnis. Endlich heraus aus der Begrenzung.

Noch nie hat jemand von all den im Rahmen dieser Forschungen untersuchten Menschen berichtet – die bereits klinisch tot waren und z.B. durch Reanimation wieder ins Leben zurückgeholt wurden – dass er von sich aus in den Körper zurück gewollt hätte. Gleichgültig, ob er nun noch fünf Kinder zu versorgen, einen Konzern zu lenken oder sonst noch etwas zu tun gehabt hätte. Die begrenzte Ebene hat dann keinerlei Bedeutung mehr.

Wenn Sie mit diesen Dingen noch nicht vertraut sind, empfehle ich Ihnen die entsprechende Literatur von Frau Dr. med. Kübler-Ross. Ich könnte die Autorin hier immer nur zitieren, aber es ist sicher ergiebiger, wenn Sie das Original lesen.

5

Die mächtige Kraft des ICH BIN … .

„Der Vater und ich sind eins", sagte Jesus.

Auch Sie und ich sind eins mit dem Vater. Jedes Geschöpf ist eins mit dem Vater, denn jedes Geschöpf ist eine Manifestation der einen allumfassenden Urquelle, die wir hier mit dem menschlichen Wort „Vater" bezeichnen.

In einigen Religionen wird diese Urquelle auch als Muttervater oder Vatermutter bezeichnet, was nichts anderes bedeutet, als dass diese Urquelle beides enthält, das Männliche wie das Weibliche. Männlich und weiblich sind lediglich unterschiedliche Aspekte des einen allumfassenden Ganzen.

Auch die verschiedenen Religionen sind nichts anderes als unterschiedliche Aspekte der gleichen Urquelle. Allen Religionen dieser Welt können wir gleichermaßen wunderbare Weisheiten entnehmen, und auf der anderen Seite können sie auch zur Durchsetzung eigener Interessen und Machtansprüche missbraucht werden, wie uns die Geschichte hinreichend gelehrt hat.

Keine Religion ist im Besitz einer allein gültigen Wahrheit.

Christentum, Judentum und auch der Islam beziehen sich gleichermaßen auf die Figur des Urvaters Abraham, und auch in anderen Religionen sind die gleichen Urwahrheiten zu erkennen.

Religionen sind lediglich unterschiedliche Wege zum gleichen Ziel.

Wenn wir den Unsinn von richtig und falsch, von rechtem und unrechtem Glauben überwinden, wird die Welt ein wenig friedlicher.

Eine religiöse Überzeugung ist für einen Menschen immer dann von Vorteil, wenn sie ihn frei macht, wenn sie ihn aus seiner materiellen Begrenzung heraus in sein wahres, unbegrenztes Sein führt.

Alles kommt aus der gleichen Quelle und führt wieder in die gleiche Quelle zurück.

Die Lehre des Buddha Gautama enthält ebenso großartige Wahrheiten wie die Lehre des Jesus von Nazaret, die Weisheiten eines Laotse, viele Aussagen der indischen Veden und auch des Korans. In allem ist das gleiche Fundament spürbar, alles ist von der gleichen Quelle durchdrungen. Erst Menschenhand hat polarisiert und Zwist und Unfrieden gesät.

Erst in der Polarität verhaftete, begrenzte menschliche Egos haben in richtig und falsch unterschieden, und dann natürlich versucht, den, der nach ihrer Ansicht falsch lag, von der Richtigkeit der eigenen Sichtweise zu überzeugen. In der Wahl ihrer Überzeugungsmittel waren sie damals wie heute selten zimperlich.

Wir sollten dringend versuchen, jede Art Käfig zu verlassen und unsere Beziehung zu Gott nicht mit unserer Beziehung zu einer Religion gleichzusetzen. Eine Religion kann uns einen Weg weisen, sie kann uns von großem Nutzen sein, gehen aber müssen wir unseren Weg selbst. Eine Religion kann uns unseren Weg nicht abnehmen.

Gott ist weder christlich noch hinduistisch, weder islamisch, buddhistisch oder sonst etwas, oder er wäre nicht die allumfassende Ursubstanz.

Also trauen wir uns, identifizieren wir uns mit dem, was wir in Wahrheit sind:

ICH BIN
das unbegrenzte „Göttliche Sein"
in diesem Körper.

ICH BIN
die reiche Fülle Gottes.

ICH BIN
die schaffende Gegenwart Gottes.

ICH BIN
Meister meiner Welt.

Wie fühlen sich solche Sätze für Sie an? Überlegen Sie bitte auch einen Moment von welcher Ihrer Ebenen dann dieses Gefühl ausgeht. Vielleicht wirken solche Sätze auf Ihren begrenzten Verstand wie eine bodenlose Anmaßung, während Ihr unbegrenztes geistiges ICH BIN sich endlich verstanden oder gar erstmalig entdeckt fühlt.

Ihr begrenztes menschliches Ego kann so etwas nur für anmaßend halten. Ich soll die reiche Fülle Gottes sein? Ihr begrenztes menschliches Ego hat wahrscheinlich ganz andere Erfahrungen gemacht, hat ganz andere Wahrheiten gespeichert, und von Fülle kann in diesen Wahrheiten vermutlich keine Rede sein. Kennt Ihr begrenztes Ego-Ich doch all Ihre Schwächen, Zweifel, Sorgen, Ängste und Unzulänglichkeiten, und das alles soll „Meister meiner Welt“ sein? Das ist nicht einmal ein Lehrling!

Haben wir doch gelernt, Gott um alles mögliche zu bitten, weil wir selbst nichts ausrichten können, und nun will uns dieser Autor beibringen, dass wir selbst die schaffende Gegenwart Gottes sind und Gott keine anderen Hände als die unseren hat? Ausgerechnet unsere Hände! Wer ist dieser Mensch eigentlich? Schmeiß das Buch in die Ecke! Früher hätte man es sowieso verbrannt!

Ihr unbegrenztes geistig-göttliches Sein hingegen wird vermutlich nur staunen. Hatte es doch bislang nur vergleichsweise wenig zu sagen und sich brav im Hintergrund gehalten. Wurde es doch von Ihrem ach so klugen Verstand immer wieder zur Ordnung gerufen, wurde es immer wieder mit schlüssiger Logik zugekleistert und durfte höchstens mal an Weihnachten …

Wenn Ihnen solche Sätze und deren Inhalt fremd sind, werden sie zunächst wie Regentropfen an ihnen abprallen.

Ihr Unterbewusstsein kann so etwas nicht annehmen, Ihr Unterbewusstsein hat ganz andere Wahrheiten gespeichert. Ihr Unterbewusstsein wird diesen vermeintlichen Unsinn sofort verdrängen wollen und suggeriert Ihnen womöglich sogar so etwas wie drohende „göttliche Strafe". So nach dem Motto: „Wer sich selbst erhöht, wird erniedrigt".

Es gibt keine Dummheit, zu der es nicht auch ein passendes Sprichwort gäbe.

Das Problem liegt nicht darin,
dass Sie sich selbst erhöhen,
das viel größere Problem besteht darin,
dass Sie sich selbst klein denken.

Sie kamen sich bisher vermutlich eher unbedeutend und machtlos vor, einem so genannten Schicksal oder Gottes Gnade ausgeliefert.

Niemand ist Gott ausgeliefert.
Gott will keine ihm Ausgelieferten.

Gott ist kein machtlüsterner Despot, vor dem wir im Staube zu kriechen haben. Gott ist nicht etwas, was uns ständig maßregelt.

Wir selbst sind es, die durch ungekonnten Umgang mit unserer geistigen Schöpferkraft das bewirken, was wir dann als unser sogenanntes Schicksal empfangen, und dann – je nach dem – als Strafe oder Belohnung empfinden.

Wir haben ein wunderbares Werkzeug in die Hand bekommen, das wir nicht einmal als Werkzeug erkannt und deshalb natürlich auch nie richtig benutzt haben.

Dieses Werkzeug ist unser göttliches Erbe, unsere geistige Schöpferkraft.

Den Umgang mit diesem Werkzeug zu erlernen ist unsere vordringlichste Aufgabe. Deshalb sind wir hier auf dieser Erde. Die göttliche Schöpferkraft ist in uns verankert. Im Tropfenformat zwar, wie wir gesagt haben, aber wir wollen ja nicht gleich ein neues Universum erschaffen. Es genügt, wenn wir zum bewussten Schöpfer unserer eigenen Lebensumstände werden.

Ich frage Sie also noch einmal, wie sich das für Sie anfühlt? Entweder laufe ich mit diesen Aussagen offene Türen bei Ihnen ein, oder ich poche an verschlossene Türen.

Aber seien Sie unbesorgt, ich bleibe ein hartnäckiger Klopfer und werde unbeirrt versuchen, Ihnen die Kraft Ihres wahren ICH BIN Schritt für Schritt näherzubringen. Ohne dabei Ihr widerspenstiges Ego-Ich zu überfordern.

Wir können immer nur in kleinen Schritten lernen, und wenn man uns zum Beispiel gelehrt hat, dass wir nur arme Sünder und Gottes Gnade ausgeliefert sind, dann kann niemand solche Prägungen von heute auf morgen ändern.

Machen wir uns immer wieder bewusst: Die Prägungen unseres Unterbewusstseins sind nichts anderes als das Ergebnis unserer Konditionierungen und eigenen Erfahrungen, beginnend von der Zeugung unseres Körpers bis hin zum jetzigen Zeitpunkt.

Mein Lieblingsbeispiel: Wären wir als Baby vertauscht worden und bei ganz anderen Eltern, unter ganz anderen Umständen aufgewachsen, wären wir heute ganz anders. Wären wir vielleicht in Jerusalem bei strenggläubigen jüdischen Eltern geboren und dann versehentlich einer muslimischen Familie übergeben worden, würden wir heute vermutlich überzeugte Muslime sein und die Juden hassen. Das gilt umgekehrt natürlich genau so.

***Wir sind nicht das,
was wir glauben zu sein, wir sind das,
zu dem wir konditioniert wurden.***

Die tief verankerten Wahrheiten unseres Unterbewusstsein sind in unserer Begrenzung zwischen Zeugung und dem Jetzt entstanden. Wir aber sind das unbegrenzte geistig-göttliche ICH BIN, das darüber steht und in jedem Falle stärker ist. Geist steht über Materie! Wir haben die Chance, uns zu befreien. Also packen wir´s an!

***Die Erde ist eine Schule,
in der wir den bewussten Umgang
mit unserer geistigen Schöpferkraft
zu erlernen haben.
„Die Schöpfer-Schule Erde“.***

Wenn wir aufhören zu jammern und uns statt dessen fragen, was wir falsch gemacht haben, wenn wir uns fragen, mit welcher geistigen Ursachensetzung wir das gesät haben, was wir nun ernten, dann sind wir ein erstes großes Stück weitergekommen.

Wenn wir dann auch noch die Konsequenz daraus ziehen und nun damit beginnen, bewusst die Ursachen für das zu setzen, was wir gerne ernten würden, dann haben wir den nächsten wichtigen Schritt getan.

Wenn wir dann das richtige Werkzeug benutzen und uns unseres wahren ICH BIN bewusst werden, gehen wir den ersten Schritt in Richtung „Meisterschaft des Lebens".

Wenn wir dann unsere Meisterschaft in innerer Demut und zum Wohle der Menschheit praktizieren, wenn wir keinem unserer Mitgeschöpfe Schaden zufügen und die geistigen Gesetze dieser Schöpfung beachten, dann haben wir die Meisterschaft erreicht.

6

Mit Zuhause telefonieren

Wenn Sie das, was wir im vorherigen Kapitel erarbeitet haben, tief verinnerlichen, wenn Sie wissen, dass Sie in Ihrem augenblicklichen Körper nur ein vorübergehender Gast auf dieser Erde sind und die unbegrenzte geistige Ebene Ihr wirkliches Zuhause ist, dann muss es doch auch ganz selbstverständlich für Sie sein, jederzeit Kontakt mit Zuhause aufzunehmen zu können.

Schließlich hat man Sie ja dort nicht kurzerhand rausgeschmissen oder Ihnen so etwas wie ein Lokalverbot erteilt. Sie haben sich nichts zu Schulden kommen lassen. Sie haben sich lediglich für einen Schulausflug auf dieser Erde entschieden. Sie gehören nach wie vor dazu.

Nun, was macht man mit einem Kind, das sich für einen Schulausflug abmeldet? Man möchte natürlich genau wissen, wo es hingeht, man möchte wissen, ob das auch der richtige Platz ist, für den es sich da entschieden hat, man gibt ihm natürlich auch genügend Proviant und einen Notgroschen mit – in unserer Zeit natürlich auch ein Handy –, damit es jederzeit zuhause anrufen kann, wenn es ein Problem hat und eventuell Hilfe braucht.

Sehen Sie – nicht viel anders ist dies bei Ihrem jetzigen Erdenaufenthalt. Sie sind am richtigen Platz, Sie haben den richtigen Proviant und die richtige Ausrüstung, und Sie können jederzeit mit Zuhause Kontakt aufnehmen, wenn Sie Hilfe benötigen.

Man freut sich dort über Ihren Anruf, man hilft Ihnen gerne, aber diese Hilfe besteht nicht immer in dem, was Sie gerne möchten. Die Hilfe der unbegrenzten Ebene besteht ausschließlich in dem, was für Sie richtig ist, und davon hat Ihr begrenztes irdisches Ego-Ich oft eine ganz andere Vorstellung.

Auch hier spiegelt sich wieder die schon hinreichend erklärte Problematik der beiden Ebenen unseres augenblicklichen menschlichen Seins.

Warum werden Wünsche, warum werden dringende Hilfebitten oft auch nicht erfüllt? Auch dann nicht, wenn sie ganz dringend und in innigem Gebet vorgetragen wurden. Lieber Gott, mach doch bitte ganz ganz dringend, dass ... Hat Gott einfach nicht hingehört?

Vielleicht hatten wir Gott sogar so etwas wie ein kleines Gegengeschäftchen angeboten, vielleicht das Rauchen aufzugeben oder einen größeren Betrag zu spenden, wenn ... und trotzdem geschah rein gar nichts.

Also, erstens hat Gott keine Bestellabteilung, bei der wir einfach anrufen und etwas in Auftrag geben können, und zweitens ist die unbegrenzte Ebene nicht dazu da, uns etwas abzunehmen, das wir selbst zu erledigen hätten. Wir sind hier, um zu lernen, wir sind hier, um eine ganz bestimmte Erfahrung zu machen.

Alles, was uns bei unserer Aufgabe hilft, wird uns selbstverständlich gewährt. Alles, was lediglich unsere menschlichen Ego-Wünsche befriedigen würde, bleibt unerfüllt.

Ich habe unser augenblickliches Menschsein einmal mit einem Taucher verglichen, der von einem Mutterschiff aus in die Tiefe des Meeres abgetaucht ist. Während seines Tauchgangs bleibt er durch mehrere Versorgungs- und Signalleitungen weiterhin mit dem Mutterschiff verbunden. Dort oben steht eine erfahrene Crew und wartet gespannt auf seine Signale. Kommt kein Signal, kann die Crew nichts für ihn tun. Der Abgetauchte bestimmt ganz allein über seine Aktivitäten. Er kann die Verbindung zum Mutterschiff nutzen, aber er muss sie nicht nutzen.

Natürlich sorgt man da oben auch ohne seine Anforderungen für das Notwendigste zum Gelingen seines Tauchgangs. Für genügend Sauerstoff, genügend Energie usw. Man will verhindern, dass der Tauchgang vorzeitig und womöglich sogar ergebnislos abgebrochen werden muss.

Auf unserer menschlichen Ebene schreiben wir eine solche Funktion unserem Schutzengel zu, der verhindert, dass wir uns zu früh „vom Acker machen“. Verzeihen Sie mir diesen etwas saloppen Ausdruck, aber es ist auch so etwas wie ein Acker, den wir zu bearbeiten haben.

Wenn sich eine Bitte nicht erfüllt, wenn ein dringendes Telefonat nach Zuhause ohne Wirkung bleibt, dann war die Erfüllung für uns so nicht richtig, oder sie wäre uns gewährt worden. Auch dies ist ein ganz wichtiger Punkt des Urvertrauens.

Statt uns über die Nichterfüllung zu beklagen, sollten wir sie dankend zur Kenntnis nehmen, denn eine Erfüllung wäre für uns im Sinne unserer Lernaufgabe offensichtlich falsch gewesen. Die unbegrenzte Ebene, die wir um Hilfe gebeten haben, hat die totale Übersicht über unseren Erdenbesuch. Auf unserer begrenzten menschlichen Ebene haben wir diese Übersicht nicht. Ein Schaden für uns wurde durch Nichterfüllung unseres Wunsches vermieden.

Oh, liebes Ego-Ich, ich höre dich aufbrüllen. Was soll es denn für ein Schaden für mich gewesen sein, wenn auch ich endlich einmal ...?

Es wird immer da sein, was ich brauche.
Was nicht da ist,
brauche ich auch nicht,
oder es wäre da.

Ja, aber ich hätte doch so gerne, und es wäre ja auch mehr als gerecht, ich hätte es mir doch auch mehr als verdient. Warum immer nur die anderen? Glauben Sie mir, den anderen ergeht es nicht anders. Es ist nur unsere Sicht der Dinge, die uns etwas so sehen lässt.

Haben Sie Vertrauen, bitten Sie um Hilfe, telefonieren Sie mit Zuhause, aber legen Sie nicht auch noch fest, wie die erbetene Hilfe zu sein hat.

7

Das erste Schuljahr

In unserem ersten Schuljahr lernen wir eigentlich nicht viel mehr als den Umgang mit dem, was uns ein späteres ernsthaftes Lernen überhaupt erst möglich macht.

Wir lernen die Bedeutung von Buchstaben und Zahlen kennen, lernen, diese aneinanderzureihen, lernen, etwas hinzuzuzählen oder abzuziehen, und kommen uns meist bei den ersten Erfolgen schon recht großartig vor.

Wie toll, wenn wir das erste Mal bis zehn zählen können. Ebenso ein Großereignis wie es die erste gezielte Platzierung unserer körperlichen Ausscheidungen in ein dafür vorgesehenes Töpfchen einmal war. Unsere Umwelt nahm unseren so offensichtlichen Fortschritt lobend zur Kenntnis und war vielleicht sogar stolz auf uns.

Das schließt nicht aus, dass wir uns heute im täglichen Leben sprichwörtlich immer noch in die Hosen machen. Dass wir Angst haben, dass wir uns nichts zutrauen und brav das tun, was man von uns erwartet, damit wir nur ja nicht anecken und den an uns gestellten Anforderungen und Erwartungen gerecht werden.

Kurz, wir lernen mehr oder weniger zu funktionieren, und das Verhängnisvolle daran ist, dass wir durch dieses Funktionieren auch tatsächlich jene Anerkennung gewinnen, die wir uns so dringend wünschen. Funktionieren wir nicht, ernten wir das Gegenteil.

Wir sind wer, wenn die anderen sagen, dass wir wer sind.

Wir fühlen uns großartig, wenn die anderen sagen, dass wir großartig sind.

Auf diesem Weg haben wir zwar gelernt zu funktionieren, aber ein starkes eigenes Ich haben wir dabei nicht entwickelt.

Wir wurden mehr oder weniger zu einer Reflektion unseres Umfelds. Durchaus erklärbar. Schließlich ist der Mensch ein Herdentier und kein Einzelgänger. Wir wollen einen sicheren Platz in der Herde haben – einen guten Platz natürlich. Die Herde bietet Schutz, die Herde sichert das Überleben, die Herde macht uns stark, die Herde gibt uns ein Wir-Gefühl. Während unseres Lebens durchlaufen wir eine Vielzahl solcher Herden. Unsere Ursprungsfamilie, den Kindergarten, die Schule, Lehre, Fachschule, die Uni, die Firma, den Verein, bis wir dann irgendwann eine eigene kleine Herde gründen, und das gleiche Spiel mit unseren Nachkommen beginnt.

Spätestens hier machen sich dann erste Anzeichen einer durchaus erklärbaren Unsicherheit bemerkbar. Wir haben zwar gelernt, wie man in einer Herde funktioniert, aber wir haben nicht gelernt, wie man eine Herde führt. Wie unsere Ursprungsherde funktionierte, scheint uns in der Regel nicht unbedingt nachahmenswert. Wir wollen es ja besser machen.

Also schauen wir, wie andere es machen, wie andere kleine Leittiere ihre Herde führen und zusammenhalten. Diese schauen natürlich umgekehrt auch auf uns, und so lernen wir, immer mehr den Maßstab für unser Leben im Außen und weniger in uns selbst zu suchen.

Wenn die Herde unser Verhalten bejaht, muss es ja wohl richtig sein. Wenn die Herde unser Verhalten ablehnt, muss es ebenso folgerichtig falsch sein. So einfach ist das für viele!

Heute sagt man dazu, dass wir „in" sind, also genau auf der Welle schwimmen, die die Mehrheit gerade für richtig hält. Aber wenn wir dann einen eventuellen Trendwechsel verpassen, sind wir ebenso schnell wieder „out".

Also wachsam sein, die Ohren spitzen, immer auf der Höhe bleiben und sich gefälligst anstrengen. Eine lebenslange Vollbeschäftigung, die die eigentliche Frage nach dem Sinn unseres Lebens immer mehr in den Hintergrund drängt.

Hauptsache dabei sein,
Hauptsache anerkannt sein!
Der unfehlbare Weg in die innere Leere.

Nun haben wir dieses Kapitel als „Das erste Schuljahr" bezeichnet, das Jahr der Einschulung also. Was liegt daher näher, als bei einer solchen Einschulung zunächst einmal den Stand und die individuellen Fähigkeiten des Schülers festzustellen? Dabei wollen wir ihn weder unterfordern noch überfordern. Wir wollen mit unserem Lernstoff genau an der Stelle einhaken, wo der Schüler im Moment steht.

Wenn ich in meiner Praxis, in einer Einzel-Intensivwoche, direkt mit einem Menschen zusammenarbeite, machen wir eine solche Analyse natürlich gemeinsam. In einem Buch ist das leider nicht möglich. Aber ich möchte Ihnen ein paar Tipps geben, auf was Sie in Ihrer eigenen Analyse achten sollten und was Sie dabei hinterfragen sollten.

Glauben Sie mir, eine solch kritische Betrachtung ist absolut notwendig. Machen Sie sich dabei immer bewusst, dass Sie, das unbegrenzte geistige ICH-BIN, es sind, die diese Figur, mit der Sie im Moment verbunden sind, analysiert. Schauen Sie auf Ihren Hans, Ihre Sabine oder wie immer Ihr Vorname ist.

Sie haben diese Figur, aber Sie sind nicht diese Figur.

Sie sind oder Sie wollen in Zukunft Herr und Meister dieser Figur sein. Also fangen Sie Ihre Betrachtung mit dem dazu notwendigen kritischen Abstand an:

1. ***Können Sie zu jedem Tag Ihres Lebens Danke sagen, freuen Sie sich auf jeden Tag Ihres Lebens?*** Wenn Sie die Frage bejahen können, kann es eigentlich nur darum gehen, dies noch zu verstärken und zur endgültigen Meisterschaft zu bringen. Müssen Sie die Frage verneinen, müssen Sie sich zunächst einmal darüber klar werden, warum dies so ist.

2. ***Warum können Sie nicht zu jedem Tag Ihres Lebens Danke sagen, warum können Sie sich nicht darüber freuen?*** Schnelle Antworten, wie ja, dieser Stress oder immer das dauernde

Gezanke mit dem Partner, der Job, die undankbaren Kinder oder dergleichen, helfen hier nicht weiter. Sie müssen die Frage „Warum?“ so lange stellen, bis Sie zur Wurzel vorgedrungen sind.

3. ***Warum ist das stressig für mich? Warum zanken wir uns dauernd, was ist los mit diesem Job?*** Es kommt dabei allein auf Ihre Bewertung an. Was für Sie stressig ist, kann für einen anderen völlig normal sein. Über was streiten Sie eigentlich mit Ihrem Partner?

4. ***Warum können Sie das, was Sie daran hindert, Dankbarkeit und Lebensfreude zu empfinden, nicht ändern?*** Antworten wie: „Ich brauch nun mal diesen Job, um auszukommen, mein Partner ist halt so und sieht seine Fehler nicht ein, wenn er sich auch nur ein bisschen ändern würde, ginge es mir schon besser“ sind leider völlig unbrauchbare Alibis. Es geht allein um die Feststellung, warum „Sie“ nicht können. Sie können weder eine Firma noch einen Partner ändern. Sie hätten nicht einmal das Recht dazu. Sie können nur Ihren eigenen Umgang mit Firma oder Partner ändern.

5. ***Warum fühlen Sie sich womöglich als Opfer, mit dem dies alles geschieht und für das es keinen Ausweg gibt?*** Jedes Gefühl, nichts ändern zu können, ist ein selbsterrichteter Käfig, in dem Sie sitzen. Sie können – Sie halten es nur nicht für möglich, es zu können, und probieren es auch deshalb erst gar nicht.

6. ***Wollen Sie Ihr Leben so weiterführen wie bisher? War es das, oder soll da noch etwas kommen?*** Wenn Sie alles so lassen wollen, wie es ist, könnte man auch sagen, dass Sie den Rest dieses

Lebens nur noch absitzen. Da aber nichts so bleibt, wie es ist, wird Ihnen auch das nicht gelingen. ***Wenn Sie sich nicht bewegen, werden Sie bewegt,*** und es wäre doch besser, wenn Sie die Bewegung selbst bestimmen. Allerdings fällt dann die so häufig ausgekostete Opferrolle weg.

7. ***Wenn da noch etwas kommen soll, wie sollte es aussehen, wo soll es Sie hinführen?*** Mein Vorschlag, schreiben Sie einen Tagesbericht, und datieren Sie das Datum dieses Berichts, um genau zehn Jahre vor. Also schreiben Sie am 19. September 2010 einen Bericht vom 19. September 2020. Schreiben Sie diesen Bericht so lebendig, als würde dieser Tag gerade stattfinden. Nicht ich möchte – es ist bereits so! Und hören Sie nicht auf Ihren hauptamtlichen Bedenkenträger, Ihren Verstand. Sprengen Sie seine Begrenzungen, ohne gleich in Luftschlösser zu verfallen. Sie müssen sich ja nicht gleich als Präsident der Vereinigten Staaten von Amerika sehen.

8. Die Bilder, die Sie zeichnen, entwickeln Kraft. Es sind geistige Ursachensetzungen. Es ist, wie wenn Sie zum Bahnhof gehen und eine Fahrkarte lösen. Sie bestimmen das Ziel. Wenn Sie dann dieses Ziel bestimmt haben, lassen Sie das Ziel bitte los. Sie müssen sich nicht um den Weg zum Ziel kümmern, Sie müssen nicht alles regeln und fest im Griff behalten. Lassen Sie der Schöpfung Raum, etwas für Sie zu tun, und fummeln Sie nicht überall dazwischen. Wir werden das noch ausführlich besprechen.

9. ***Wenn Sie dann Ihr Ziel umrissen haben, stellen Sie fest, was zwischen Ihnen und Ihrem Ziel steht, wo die Barrieren sind, was Sie bisher davon abgehalten hat, sich auf den***

Weg zu machen. Ja, und dann beginnt ganz einfach Ihre Arbeit, dann müssen Sie sich auf den Weg machen. Und machen Sie sich bewusst: Es ist ein Weg, den Sie beginnen, kein Hundertmeterlauf.

10. ***Gehen Sie schrittweise vor!*** Vermeiden Sie dabei Schritte, die Sie nicht bewältigen können, die im Moment noch zu groß für Sie sind. Ein Scheitern wirft Sie mehr zurück, als es Sie vorwärts bringt. Mit einem Scheitern handeln Sie sich die Bestätigung ein, dass es wirklich nicht geht. Um Ihr Leben zu ändern, müssen Sie auch nicht gleich auswandern – Sie würden sich selbst ohnehin immer mitnehmen. Meist genügt es, wenn Sie Ihren Umgang mit den Dingen ändern, wenn Sie neue Prioritäten setzen. Wenn der Wandel im Inneren stattfindet, überträgt er sich auch auf das Außen. Wie innen, so außen! Sie können diese Gesetzmäßigkeit nicht umkehren, obwohl dies immer wieder versucht wird.

11. ***Die Schöpfung wartet nicht darauf dass Sie sie ändern – die Schöpfung wartet darauf, dass Sie Ihren Umgang damit ändern, dass Sie sich Ihrer eigenen Schöpferkraft bewusst werden.***

Ihr wichtigster Satz:
ICH BIN die Kraft,
die ab sofort mein Leben bewegt.

Sie sind das ICH BIN, das immer und überall mit allem verbunden ist. Sie sind die mächtige geistige Kraft, die Materie bewegt. Geist ist der Ursprung aller Materie. Die Schöpfung ist geistig.

8

Die wichtige Voraussetzung des Urvertrauens

Vielleicht werden Sie nun sagen, dass Sie in Ihrem Leben noch nie Grund hatten zu vertrauen.

Ja, dass Sie sogar immer dann besser gefahren sind, wenn Sie wachsam waren, wenn Sie kontrolliert haben, wenn Sie die Fäden in der Hand hielten, und immer genau dann schlimme Erfahrungen machen mussten, wenn Sie einmal vertraut hatten.

Schließlich sagt man ja auch „Vertrauen ist gut, Kontrolle ist besser“. Solche Sprichwörter kommen ja nicht von ungefähr.

Ich habe großes Verständnis dafür, wenn dies jemand so sagt. Ich höre solche Statements sehr oft, und jedes Mal, wenn ich mich dann mit demjenigen, der sich so äußerte, auf die Suche nach den tieferen Ursachen seiner negativen Erfahrungen machte, kamen wir sehr schnell an den Punkt, wo er sich selbst als die eigentliche Ursache seiner Erfahrungen erkennen musste.

Keine geliebte Erkenntnis, ist es doch einfacher, die Ursachen immer woanders als bei sich selbst zu suchen. Ich habe ja alles probiert, ich war ja bereit ..., aber ... aber ... leider!

Nichts geschieht in Ihrem Leben, ohne dass SIE dazu die entsprechende Ursache gesetzt hätten. Direkt oder indirekt.

Wenn es anders wäre, wäre das Schöpfungsprinzip von Ursache und Wirkung, das wir später noch ausführlicher besprechen werden, höchst ungerecht. Andere würden die Ursache zu etwas setzen, das wir dann auszubaden hätten. Im eigentlichen Sinn hätten wir ja dann gar nichts damit zu tun. Wir wären lediglich so etwas wie ein Bauernopfer.

Der wichtige Satz, den wir im letzten Kapitel formuliert haben: **_„Ich bin die Kraft, die ab sofort mein Leben bewegt"_**, wäre dann völlig unsinnig. Andere Kräfte würden ja dann unser Leben bewegen.

Es kann natürlich durchaus zutreffen, dass Sie den Eindruck haben, in Ihrem Leben dauernd bewegt zu werden, ausgeliefert zu sein, selbst nicht viel tun zu können. Aber glauben Sie mir, dieser Eindruck ist rein subjektiv.

Der Eindruck, von außen bewegt zu werden, entsteht nur dadurch, dass Sie sich selbst nicht bewegen, ja, dass Sie inzwischen eine Eigenbewegung gar nicht mehr für möglich halten.

Auch das hat wieder etwas mit dem Funktionieren und dem Anerkanntsein in der Herde zu tun, über das wir schon gesprochen haben.

Schöpfung ist Bewegung!
Was sich nicht bewegt, das wird bewegt.
Die Schöpfung steht keinen Augenblick still.

Wir können diese Bewegung dadurch mitgehen, dass wir uns treiben lassen - wie ein Boot, das führungslos in der Strömung treibt - oder wir können dieses Boot behutsam steuern. Wir haben das Kapitänspatent dazu, aber in der Regel sind wir uns dessen nicht einmal bewusst.

Behutsam steuern heißt lediglich, ein klein wenig schneller zu sein als die Strömung, damit wir jederzeit etwas Druck auf dem Steuer haben.

Mit einem hochmotorisierten Speedboot würden wir am nächsten Hindernis zerschellen.

Völlig aussichtslos hingegen wäre es, sich gegen die Strömung zu stellen, die Bewegung aufhalten zu wollen, an dem Punkt stehen bleiben zu wollen, an dem wir gerade stehen, alles so lassen zu wollen, wie es ist. Vergebene Liebesmüh, die Strömung wird uns hinwegtreiben. Es bleibt nichts, wie es ist, und ich hoffe, auch Sie bleiben nicht so, wie Sie sind. Wozu hätten Sie sonst dieses Buch in der Hand?

In meiner Jugend habe ich einmal eine Kanutour von Saarbrücken nach Düsseldorf unternommen, das heißt über Saar, Mosel und Rhein genüsslich und völlig relaxt dem heimatlichen Sporthafen entgegentreibend. Aber immer den einen kleinen entscheidenden Paddelschlag schneller als die Strömung, um etwas Druck auf dem Steuer zu haben, um Hindernisse rechtzeitig zu umfahren oder ihnen ausweichen zu können.

Dabei gab es natürlich auch Momente des völligen Treibenlassens mit einer Flasche Wein im Schlepptau, die natürliche Kühlung des Wassers nutzend. Wenn Sie diese Vorstellung als Leitbild für den Ablauf Ihres Lebens übersetzen können, haben Sie ein Stück Meisterschaft erreicht.

Wenn Sie aber verbissen drauflospaddeln, um bei diesem Bild zu bleiben, um jeden Zentimeter kämpfen und fighten, wird Ihnen über kurz oder lang die Kraft ausgehen, und so etwas wie Lebensfreude und innere Zufriedenheit wird wohl nur schwerlich aufkommen.

Das Prinzip der Schöpfung beruht auf Kommen und Gehen. Das, was geht, macht Platz für das, was kommt.

Auch wir werden einmal Platz machen. Würde etwas unverändert bleiben, würde es bleiben, wie und wo es ist, würde es sich nicht bewegen, wäre dieser Rhythmus blockiert. Verzeihung für diese Wiederholungen, aber ich bin nun einmal hartnäckig.

Eine kleine Anekdote: Begegnet der Mars im All der Erde und sagt zu ihr: „Du siehst aber blass aus, bist du krank?" Antwortet die Erde: „Ach ja, ich habe Homo Sapiens". „Nicht schlimm", sagt der Mars, „das vergeht bald wieder".

Wenn wir unser augenblickliches Leben, wenn wir unsere augenblickliche Verbundenheit mit einem menschlichen Körper als einen einmaligen und isolierten Vorgang sehen, wenn wir davon ausgehen, dass vorher nichts war und nachher nichts mehr sein wird, werden uns größere Zusammenhänge, wird uns der tiefere Sinn dieser Schöpfung immer verborgen bleiben.

Wenn wir die Erde aber als das sehen, als was ich sie bezeichne, als die „Schöpfer-Schule Erde", in der wir den Umgang mit unserer universellen Schöpferkraft, unserem göttlichen Erbe, von Schulklasse zu Schulklasse zu erlernen haben, machen gerade unsere negativen Erfahrungen einen Sinn. Dabei geht es natürlich nicht nur um uns, es geht um die Entwicklung unserer ganzen Art.

So genannte negative Erfahrungen zeigen uns, dass wir etwas falsch gemacht haben. Dass wir die Ursachen für etwas gesetzt haben, das wir doch so gar nicht haben wollten. Im Größten, wie im Kleinsten.

Wie könnten wir einen Fehler anders entdecken als durch das unerwünschte Ergebnis, das er nach sich zieht?

Wenn Sie im Supermarkt ein Produkt, das Sie eigentlich gar nicht kaufen wollten, in Ihren Einkaufswagen legen, ist es doch sinnlos, sich darüber an der Kasse zu beklagen. Sie haben es ja selbst hineingelegt!

Das für unser begrenztes Ego-Ich zunächst negativ erscheinende Ergebnis ist also in Wahrheit ein positives Ergebnis, denn dieses Ergebnis bringt uns weiter, wenn, ja, wenn wir es zum Weiterkommen nutzen und uns nicht aufs Bejammern der vermeintlichen Ungerechtigkeit verlegen, die uns da widerfahren ist.

Urvertrauen bedeutet, auch die Dinge anzunehmen, die wir im Moment nicht so ganz verstehen können.

Es muss richtig für mich sein,
oder es würde mir so nicht widerfahren.

Was soll ich daraus lernen? Warum ist gerade das jetzt notwendig?

Die Schöpfung richtet sich niemals
gegen ein Lebewesen.
Es geschieht nichts gegen uns,
es geschieht immer nur für uns.

Auch wenn es manchmal sehr schmerzhaft ist, auch wenn wir es im Moment nicht erkennen können und unser begrenzter Verstand etwas ganz anderes als für uns richtig ausgesucht hatte.

Glauben Sie mir, ich spreche aus eigener Erfahrung. Die Situationen meines Lebens, die am schmerzhaftesten für mich (oder sagen wir besser für mein Ego-Ich) waren, haben mich am weitesten gebracht. Es waren die entscheidenden Wegkorrekturen, ohne die ich in die falsche Richtung geraten wäre.

Auch so etwas anzunehmen, auch so etwas zu bejahen und in einem größeren Zusammenhang zu sehen und die Zügel selbst wieder in die Hand zu nehmen, ist unsere Aufgabe.

„An"-nehmen bedeutet allerdings nicht „hin"-nehmen. Ich muss dies immer wieder klarstellen.

Unser Leben als Aufgabe annehmen,
aber nicht als Schicksal hinnehmen.
ICH BIN Herr und Meister meines Lebens.

Zumindest sollte ich mich auf den Weg zu einer solchen Meisterschaft machen und dabei jede Lernchance nutzen. Dafür bin ich hier, das ist der tiefere Sinn meines augenblicklichen menschlichen Daseins.

Danke, es hat weh getan, aber es hat mich weitergebracht!

Können Sie Danke sagen für dieses Leben oder könnten Sie erst Danke sagen, wenn ... ? Schade eigentlich, Sie müssen also erst noch ... Aber trotzdem, was hindert Sie daran, dieses Wenn zu erreichen? Warum setzen Sie nicht ganz bewusst die dazu notwendigen Ursachen?

Ach, Sie können nicht, Sie wissen nicht, Sie konnten noch nie, Sie wissen auch gar nicht, ob das überhaupt richtig ist. Nun, dann bleiben Sie einfach da, wo Sie sind, lassen sich treiben und beklagen die Ungerechtigkeit dieser Schöpfung – Sie sind keinesfalls alleine in dieser geliebten Opferrolle:

„Ich tu doch nichts Böses, ich versuche, es doch allen recht zu machen, ich bin doch kein schlechter Mensch, ich glaube doch auch an Gott, warum tut er denn nicht auch mal was für mich?"

Gott hat bereits etwas für Sie getan. Er hat Ihnen ein wunderbares Geschenk gemacht, er hat Ihnen wunderbare Werkzeuge in die Hand gegeben, er lässt Sie an seiner Schöpferkraft teilnehmen, es ist Ihr göttliches Erbe, aber Sie sind zu blind, das zu erkennen.

Sie gefallen sich im Jammern und Reklamieren. Lieber Gott, tu doch bitte für mich, mach doch bitte, dass ... . Oder Sie haben inzwischen sogar jeden Glauben an Gott verloren? Auch damit würden Sie nicht alleine stehen.

Bitte bedenken Sie eines: Gott wäre ein schlechter Vater, wenn er auf solche Bitten eingehen würde, denn wenn er es tatsächlich für Sie erledigen würde, würden Sie nicht lernen, es selbst zu erledigen. Er würde Ihnen sozusagen den Lernstoff wegnehmen, aber es ist ihm das Wichtigste, dass Sie lernen, dass Sie weiterkommen.

Auch wenn Sie das nicht immer gleich erkennen, auch wenn es manchmal schmerzhaft für Sie ist und sie deshalb sogar an der Existenz Gottes zweifeln. Gott ist nicht eitel. Er will nicht unbedingt von Ihnen geliebt werden. Seine Liebe beruht nicht auf Gegenliebe. Er will nur, dass Sie weiterkommen.

Wenn Sie an der Existenz eines Gottes zweifeln, zweifeln Sie gleichzeitig an Ihrer eigenen Existenz, denn Sie sind eine Manifestation Gottes, sind eine Manifestation dieser Ursubstanz, die wir mit unserem begrenzten menschlichen Verstand niemals erfassen können.

Sie sind „in" Gott!
Es gibt keine Trennung!

Bitten Sie um Führung, bitten Sie um Hilfe auf Ihrem Weg. Dies ist völlig legitim, und eine solche Hilfe wird Ihnen nach meinen eigenen Erfahrungen auch immer gewährt werden.

Aber legen Sie bitte nicht auch noch fest, wie diese Hilfe auszusehen hat. Bitte, hilf mir aber 1. 2. 3. Bewegen Sie Ihren eigenen Hintern, überlassen Sie nicht alles Gott.

Sie sind eine Manifestation Gottes, Gott wirkt in Ihnen und durch Sie. Gott will, dass Sie das endlich begreifen und danach handeln.

Wenn Sie das verinnerlichen, wenn Sie sich Ihres göttlichen Wesenskerns bewusst werden, sind Sie im Urvertrauen, sind Sie in Gott, sind Sie im unbegrenzten ICH BIN.

Der Meister Jesus sagte: ***Erkennet die Wahrheit, und sie wird euch frei machen!***

9

Der scheinbare Widerspruch

Wenn ich sage, dass nichts gegen ein Geschöpf, sondern immer nur für ein Geschöpf geschieht und wir bei allem Geschehen immer in die Bewegung der Schöpfung eingebunden sind, dann könnte man doch mit Fug und Recht fragen, warum wir dann auch noch selber aktiv werden sollen?

Es geschieht doch sowieso nichts gegen uns. Wir kommen doch sowieso dort an, wo wir ankommen sollen. Früher oder später natürlich.

Wäre dann ein Selbersteuern, wäre dann ein „Selbst sein Schicksal in die Hand nehmen" nicht völlig überflüssig und dabei sogar noch gefährlich?

Beim Selbersteuern könnten wir doch Dinge falsch machen, die dann nur sehr schwer wieder auszubügeln wären, denn wir sind nun einmal fehlerhafte und begrenzte Menschen. Wir könnten uns verlaufen und auf Umwege geraten, die sich dann später als völlig unnötig herausstellen. Wir könnten an völlig falschen Stellen kämpfen und uns sinnlos aufreiben.

Warum begeben wir uns nicht einfach ins Urvertrauen und überlassen Gott – oder wenn Sie diesen Begriff nicht mögen – dem Kosmos unser Schicksal?

Unser Weiterkommen ist ja auf jeden Fall gesichert. Wir sind ja in die Bewegung der Schöpfung eingebunden, sind Teil dieser Bewegung, und es geschieht nichts gegen uns. Worüber sollten wir uns dann also Sorgen machen? Warum sollten wir uns dann noch durch Selbersteuern einmischen?

Im Prinzip sind solche Überlegungen absolut verständlich, und wir haben ja gerade das Urvertrauen im vorhergehenden Kapitel als absolut notwendige Basis genannt. Aber es gibt dabei einen entscheidenden Unterschied:

Lege ich die Hände in den Schoß und überlasse Gott oder dem Kosmos mein Schicksal *(bleibe also völlig passiv)*, ***oder rühre ich meine Hände im Vertrauen darauf, dass ich in Gott bin und auf meinem eigenen Weg geführt und geschützt werde*** *(gestalte also aktiv)***?**

Die Wahrheit liegt – wie so oft – irgendwo in der Mitte. Ich muss ebenso loslassen wie zupacken können. Die Mischung macht es, und das werde ich Ihnen später noch genauer erklären.

Auch beim Autofahren macht erst der gekonnte Wechsel zwischen Gas geben und Gas zurücknehmen den perfekten Fahrer.

Auch das Boot, das führerlos im Strom treibt, bewegt sich in der Fließrichtung des Stromes und kommt irgendwann dort an, wo auch der Strom ankommt. Die Frage ist nur, wie es dort ankommt.

Zerbeult und geschunden, weil es führerlos an jedem Hindernis aneckte, weil es von der Strömung hin- und hergetrieben wurde, oder ob es durch geschicktes Steuern und Manövrieren den Weg nicht nur viel schneller und unbeschadet hinter sich brachte, sondern sein Kapitän sich bei dieser Fahrt auch noch für höhere Aufgaben qualifizierte.

Wir sind der Kapitän auf unserem Schiff.
Wir sind Herr und Meister
unseres körperlichen Hauses.

Hätte der Schöpfer-Gott vorgesehen, dass wir uns willenlos treiben lassen, hätte er uns nicht an seiner geistigen Schöpferkraft teilnehmen lassen, auch wenn wir in dieser Hinsicht nur so etwas wie Miniausgaben sind. Aber wie ich schon an anderer Stelle gesagt habe, wir wollen ja nicht gleich ein Universum erschaffen.

Noch einmal zur Erinnerung:

Wir sind in Gott, wir sind wie ein Tropfen aus der göttlichen Quelle. Die göttliche Schöpferkraft wirkt in uns und durch uns.

Wir können dieses göttliche Erbe unbeachtet lassen, wir können den Besitz unserer eigenen Schöpferkraft sogar leugnen, oder wir können sie ganz bewusst anwenden.

Geist steht über der Materie, Geist ist der Ursprung aller Materie, Geist manifestiert sich in der Materie. Materie drückt den dahinter stehenden Geist aus.

Auch unser Leben, unsere gesamten Lebensumstände und auch unser Körper, sind eine Manifestation unseres geistigen ICH

BIN. Am Außen erkennen wir das Innen. Es ist unser geistiges ICH BIN, das unsere Welt erschafft. Die Welt ist so, wie wir sie sehen, und jeder von uns sieht sie mit anderen Augen.

Wir können das Schöne ansehen und Gott für seine wunderbare Schöpfung danken, oder wir können unser Augenmerk auf das Hässliche richten, die Welt bejammern und daran zweifeln, dass es so etwas wie einen Gott überhaupt gibt.

Die Fülle der Schöpfung ist grenzenlos. Alles ist im Übermaß vorhanden, das Glück ebenso wie das Unglück, die Freude ebenso wie das Leid, Armut ebenso wie Reichtum, Gesundheit ebenso wie Krankheit. Die Schöpfung wäre nicht komplett, wenn es nicht so wäre.

Esoterische Schwärmer, die alles Leid auf der Welt abschaffen wollen, die erreichen wollen, dass alle Menschen sich nur noch lieb haben, würden der Schöpfung den Antrieb nehmen und den absoluten Stillstand verordnen.

Würde es in dieser Schöpfung nicht zu allem zwei unterschiedliche Pole geben, hätten wir keine Wahlmöglichkeit, hätten wir keine Möglichkeit, unsere geistige Schöpferkraft bewusst auf den von uns gewählten Weg auszurichten, hätten wir keine Möglichkeit zu trainieren, würden wir den bewussten Umgang mit unserer Schöpferkraft nicht erlernen.

In der „Schöpfer-Schule Erde“ brauchen wir die Wahlmöglichkeiten, denn am Ergebnis unserer Schöpfung können wir unsere Fehler entdecken und dann korrigieren. Wir müssen also Fehler machen können. Wir müssen sogar ebenso lieben wie hassen können.

Hätten wir keine Entscheidungsmöglichkeit zwischen Gut und Böse, zwischen Liebe und Hass, zwischen Treue und Untreue, könnten wir uns ja auch nicht bewusst für einen Weg entscheiden.

In jedem Menschen steckt ebenso ein potenzieller Mörder, wie ein potenzieller Heiliger.

Wir wären nicht komplett, wenn das nicht so wäre, wir hätten keine Wahl. Es liegt allein an uns, welche Seite wir wählen, welche Seite wir zulassen.

Mit den Ursachensetzungen unseres geistigen ICH BIN treffen wir auf unserem Lebensweg ebenso eine Auswahl, wie wir sie auf unserem Weg durch einen Supermarkt treffen.

Was in unserem Warenkorb liegt, ist das, was wir dort selbst hineingelegt haben.

Ich habe dieses Beispiel schon einmal herangezogen. Trotzdem erlebe ich immer wieder Menschen, die sofort einwenden, dass genau dies bei ihnen auf gar keinen Fall zutreffen kann.

Sie sehen die Ursache für ihre Lebensumstände ausschließlich außerhalb von sich selbst.

Sie machen ihre Kindheit, die Eltern, die mangelnde Ausbildung, ihr soziales Umfeld, den Partner, den Staat oder was oder wen auch immer für ihre Lebensumstände verantwortlich.

Sie hatten ja nie eine Chance, sie konnten gar nicht anders, es ist schon ein Wunder, dass sie überhaupt ... Sie lügen sich selbst in

die Tasche und baden in ihrem eigenen Elend. Zumindest darin kennen sie sich hervorragend aus.

Natürlich möchten sie, dass ihnen endlich geholfen wird, und ebenso natürlich erwarten sie diese Hilfe von außen. Sie selbst können ja nicht, wie sie schon immer schlüssig beweisen konnten.

Ich bin ein außergewöhnlich schlechter Zuhörer für derartiges Gejammer. Wer meine Lebensgeschichte kennt, – in meinem Buch „Das doppelte Ich" habe ich sie in etwa beschrieben, – der weiß, dass ich dieses Leben als Sohn eines ungelernten Fabrikarbeiters antrat, dass ich eine Mutter hatte, die mir wörtlich sagte „Liebe gibt es nicht, so was ist Quatsch" (und so etwas habe ich dann auch nie bei ihr erfahren), und dass ich aus der denkbar schlechtesten Startposition heraus meinen eigenen Weg gegangen bin.

Ich habe auch erfahren, was es heißt, Hunger zu haben, und das größte Glück dieser Welt bestand als Kind für mich darin, noch irgendwo einen alten, steinharten Brotrest zu finden, den ich dann beim Einschlafen langsam in meinem Mund aufweichen und zerkauen konnte. Je langsamer, desto länger hielt das Glücksgefühl an. Aber wann gab es schon einmal Brotreste, woher hätten die kommen sollen?

Ich hoffe, ich konnte den scheinbaren Widerspruch zwischen „in Gott sein" und geführt und geschützt werden und „trotzdem selber steuern" einigermaßen klarstellen. Wir sind nicht hier, um uns auf die faule Haut zu legen. Dabei würden wir nichts lernen.

Im Vertrauen auf Gott handeln und nicht im Vertrauen auf Gott nicht handeln – er wird's schon richten!

Er hat´s schon gerichtet. Er hat uns an die richtige Stelle gesetzt und auch das richtige Werkzeug in die Hand gegeben. Jetzt sind wir dran! Jetzt sind wir gefordert, aber nicht überfordert. Es wird uns nicht mehr aufgeladen, als wir auch bewältigen können. Und wenn Sie Hilfe brauchen, telefonieren Sie einfach mit Zuhause. Es ist immer jemand für Sie da.

Muskeln, die nicht bewegt werden, erschlaffen.

10

Die bewusste Ursachensetzung

Die Schöpfung ist geistig!

So lautet der erste Satz der Hermetischen Prinzipien, mit denen ich Sie am Ende des Buches noch vertraut machen werde. Für uns bedeutet dies beim Thema der bewussten Ursachensetzung, dass Geist in seiner Bedeutung vor der Materie steht, dass Geist vor der Materie existiert hat und somit auch der Ursprung aller Materie ist.

Dazu muss ich erneut bewusstmachen, dass die Konstruktion Mensch eine Wesenheit ist, die sowohl auf der unbegrenzten geistigen Ebene wie auch auf der begrenzten materiellen Ebene existiert. Bitte, verzeihen Sie mir meine Hartnäckigkeit. Aber ich weiß, wie gerne sich die begrenzte materielle Ebene in den Vordergrund spielt.

Wenn wir auf der begrenzten Ebene der Materie etwas bewegen wollen, müssen wir es zunächst auf der unbegrenzten geistigen Ebene verursachen.

Diese Reihenfolge können wir nicht ändern. Was wir uns auf unserer geistigen Ebene nicht vorstellen können, was wir dort nicht für möglich halten, werden wir auf der materiellen Ebene nicht verursachen können.

Die christliche Bibel sagt zum Prinzip der Geistigkeit der Schöpfung: „Gott sprach, es werde … und es ward". Es war also die geistige Vorstellung, es war das Wort und nicht Hacke und Spaten, die die Schöpfung hervorbrachten. Bevor wir Hacke und Spaten in die Hand nehmen, brauchen wir ein Bild von dem, was werden soll. Dieses Bild, diese Vorstellung ist die Initialzündung. Die Übersetzung in Materie erfolgt erst danach.

Wenn wir uns nicht vorstellen können, wieder ganz gesund zu werden, wenn wir uns nicht vorstellen können, wohlhabend zu sein, da wir nun einmal zu den armen Leuten gehören, wenn wir uns nicht vorstellen können, Chef statt Pförtner zu sein, werden wir auch niemals Chef werden. Unsere Zündung funktioniert nicht. Wir haben sozusagen einen Zündschaden.

Wenn ich mir aber zum Beispiel vorstellen kann, wieder Ski zu fahren, wenn ich mich schon die Piste hinabwedeln sehe, obwohl man mir erst kürzlich ein künstliches Knie eingebaut hat, wie dies bei mir selbst der Fall war, dann setze ich damit die geistige Ursache, die das Erreichen des Zieles überhaupt erst möglich macht. *(Inzwischen kann ich Ihnen berichten, dass es hervorragend funktioniert hat.)*

Wenn ich aber dasitze und mir beim besten Willen nicht vorstellen kann, dass mir das Skifahren jemals wieder möglich sein könnte, da ich ja inzwischen auch nicht mehr zu den jungen Leuten zähle, die so etwas noch leichter wegstecken, dann wird es auch nie mehr so sein. Ich selbst blockiere das mögliche Ergebnis.

Wenn Sie bereits andere Bücher von mir gelesen haben, wissen Sie, dass ich immer gerne Beispiele aus meinem eigenen Leben einfüge. Meine Bücher sind keine theoretischen Abhandlungen. Dort steht nichts, was ich nicht selbst so gelebt und praktiziert habe.

Natürlich haben auch Vorstellungen ihre Grenzen. Wenn ich mir auch noch so klar vorstellen kann, der Präsident der Vereinigten Staaten von Amerika zu sein, und mich bereits im Ovaloffice sitzen sehe, wird sich dies trotz meiner lebendigen Vorstellung wohl kaum realisieren, da es mir bereits an den einfachen Voraussetzungen der Staatsbürgerschaft fehlt. Also, Spinnereien haben auch hier keinen Platz. Aber gehen wir zurück zum Prinzip der Geistigkeit der Schöpfung.

Auch wenn einige Naturwissenschaftler irgendwelche primitiven Einzeller und Flechten als die ersten Lebensformen ausgemacht haben, bleibt doch die Frage offen, wodurch diese ersten Lebensformen verursacht wurden? Eine bis dahin tote Materie konnte doch nicht aus sich selbst heraus beschließen, plötzlich lebendig zu werden.

Wer oder was hat diese Schöpfung, die sich unaufhörlich weiterentwickelt, in Gang gesetzt? Wer oder was hat dieses Räderwerk angestoßen? Etwas, das mit der Präzision eines Schweizer Uhrwerks ineinandergreift, kann doch nicht zufällig entstanden sein. Es muss doch so etwas wie einen genialen Schöpfungsplan geben, oder alles würde aus dem Ruder laufen.

Zudem müssen wir feststellen, dass Flechten und Algen nicht die ersten Lebensformen, sondern lediglich die ersten uns bekannten Formen *organischen Lebens* auf dem Planeten Erde waren. Die Quelle organischen Lebens ist geistig. Leben ist Geist, der sich in einer organischen Form manifestiert. Erst durch diesen Geist wird organisches Leben möglich.

Max Planck sagte nach seiner Erforschung des Atoms Folgendes:

Als Physiker, also als Mann, der sein ganzes Leben der nüchternen Erforschung der Materie diente, bin ich sicher vom Verdacht frei, für einen Schwarmgeist gehalten zu werden. Und so sage ich nach meinen Erforschungen des Atoms Folgendes: Es gibt keine Materie an sich!

Alle Materie entsteht und besteht nur durch die Kraft, welche die Atomteilchen in Schwingung bringt und sie zum winzigsten Sonnensystem des Atoms zusammenhält.

Da es im ganzen Weltall aber weder eine intelligente noch eine ewige (abstrakte) Kraft gibt – es ist der Menschheit nie gelungen, das ersehnte Perpetuum mobile zu erfinden – müssen wir hinter dieser Kraft einen bewussten intelligenten Geist annehmen. Dieser Geist ist der Ursprung aller Materie.

Nicht die sichtbare, aber vergängliche Materie ist das Reale, Wahre, Wirkliche (denn die Materie bestünde, wie wir gesehen haben, ohne diesen Geist überhaupt nicht), sondern der unsichtbare, unsterbliche Geist ist das Wahre. Da es aber Geist an sich nicht geben kann und jeder Geist einem Wesen zugehört, müssen wir zwingend Geistwesen annehmen.

Da aber auch Geistwesen nicht aus sich selbst sein können, sondern geschaffen worden sein müssen, scheue ich mich nicht, diesen geheim-

nisvollen Schöpfer ebenso zu nennen, wie ihn alle alten Kulturvölker dieser Erde früherer Jahrtausende genannt haben – „Gott".
Max Planck

Ich habe an anderer Stelle bereits gesagt, dass wir uns mitten in einem immerwährenden und unendlichen Schöpfungsprozess befinden, obwohl etwas Unendliches natürlich keine Mitte haben kann. Aber Sie verstehen, was ich damit meine.

Es gibt keine Zeit, alles findet immerwährend und gleichzeitig statt.

Verzeihung, lieber Verstand, es macht mir nicht im Geringsten etwas aus, wenn du mich nunmehr für verrückt erklärst. Schließlich hast du ja nachweislich schon gestern und nicht erst heute die frischen Brötchen – die leider heute schon wieder ziemlich hart sind – beim Bäcker geholt. Auf deiner Ebene hast du natürlich Recht. Du warst gestern und nicht heute beim Bäcker.

Es gibt sie also doch, die Zeit, und dein Bäcker wird dies ebenso bestätigen. Er verkauft das Brot von gestern ja sogar etwas billiger als das frische Brot von heute. Zumindest ist dies an meinem Wohnort so üblich.

Nun haben wir gesagt, dass die göttlich-geistige Schöpferkraft, die hinter allem steht, auch uns gegeben ist. Wir haben sie als unser göttliches Erbe empfangen und als unser wahres ICH BIN bezeichnet. Gleichzeitig haben wir unsere Erde als eine Schöpferschule bezeichnet, in der wir den bewussten Umgang mit dieser mächtigen Schöpferkraft erlernen sollen.

Aber wie können wir das tun? Was sind dazu die Voraussetzungen? Worauf müssen wir achten? Nun, zunächst ist es eine

Frage unseres Bewusstseins. Wir haben ja auch von „bewusster Ursachensetzung“ gesprochen.

Der Schlüssel zur bewussten Ursachensetzung und damit zur Meisterschaft des Lebens liegt zunächst einmal darin, uns unseres wahren Seins, unseres wahren ICH BIN bewusst zu werden.

Ohne dieses göttliche ICH-BIN-Bewusstsein bleiben wir in der Begrenzung, und folglich wird auch unsere Schöpfung begrenzt sein.

Sehe ich mich als kleines Menschlein, das einem unergründlichen Schicksal hilflos ausgeliefert ist, oder sehe ich mich als eine Manifestation des Göttlichen, das in mir und durch mich wirkt?

Nun wird mancher Leser sagen, dass die tägliche Realität, die man doch nicht einfach leugnen kann, uns immer wieder zeigt, dass wir doch alle in gewisser Weise ausgeliefert sind. Verzeihung, nicht alle. Ich nicht! Und das liegt nicht etwa daran, dass ich in einer anderen Welt lebe als Sie, nur sehe ich mich und die Welt ein wenig anders. Und damit sind wir wieder bei der Geistigkeit der Schöpfung.

Das, was wir sehen, ist nicht das, was wir sehen. Es ist lediglich das, was „wir darin“ sehen.

Erst die Augen, mit denen wir etwas betrachten, machen es zu dem, was wir sehen.

Sehe ich die Dinge aus der begrenzten Sicht meines Verstandes, oder sehe ich sie aus der unbegrenzten Sicht meines wahren ICH BIN?

Aber was macht es nun für einen Unterschied, ob ich mein leeres Bankkonto aus der Sicht meines begrenzten Verstandes oder aus der Sicht meines unbegrenzten ICH BIN betrachte. Die roten Zahlen werden doch dadurch nicht plötzlich schwarz.

Natürlich nicht und plötzlich schon gar nicht! Es macht auch keinen Sinn, zur Bank zu gehen und zu erklären, dass Sie ein unbegrenztes geistig-göttliches Wesen sind und deshalb auch Ihr Konto unbegrenzt zu sein hat. Versuchen können Sie es natürlich trotzdem. Das Ergebnis würde mich natürlich interessieren, aber vorsichtshalber schlage ich Ihnen etwas ganz anderes vor:

Wenn Sie in Ihre ziemlich leere Geldbörse schauen und Ihnen bewusst wird, dass Sie mit diesem kümmerlichen Rest noch mindestens fünf Tage auskommen müssen. Wenn Sie erschrocken feststellen, dass Sie somit nur ganze fünf Euro pro Tag zur Verfügung haben und deshalb vorsichtshalber die zwanzig Euro, die Sie ja dringend für die nächsten Tage sichern müssen, herausnehmen, um sie nur ja nicht zu verlieren oder unbedacht auszugeben, dann leben Sie in einem geistigen Energiefeld der Mangelverwaltung, und dieses Energiefeld kann nur weiteren Mangel anziehen.

Gleiches zieht Gleiches an.
Reichtum zieht Reichtum an.
Armut zieht Armut an.
Mangel zieht Mangel an.

Wenn Sie aber in der gleichen Situation in Ihre Geldbörse schauen und daraus den erfreulichen Schluss ziehen, dass darin nunmehr reichlich Platz für neues Geld ist, dass zwanzig Euro – gemessen an dem, der nichts hat – immer noch eine ganze Menge sind, und Sie zudem davon überzeugt sind, dass das neue Geld auf irgendeinem Weg zu Ihnen finden wird (Urvertrauen), dann schaffen Sie dadurch zumindest jenes Energiefeld, in dem eine Veränderung Ihrer Umstände überhaupt erst möglich wird.

URVERTRAUEN:
Es wird immer da sein, was ich brauche.
Was nicht da ist, brauche ich auch nicht,
oder es wäre da.

Möglicherweise brüllt Ihr Verstand jetzt wieder los, er weiß natürlich sofort, was Sie alles brauchen würden; und was die anderen ungerechterweise auch schon längst alles haben. Lassen Sie ihn brüllen, er wird sich wieder beruhigen. Das gilt übrigens auch für den Umgang mit Cholerikern! Bleiben Sie ganz ruhig. Was anfängt zu brüllen, hört auch wieder auf zu brüllen. Noch nie wurde berichtet, dass jemand durchgebrüllt hat.

Nun war dies ein recht einfaches Beispiel, das lediglich ein Prinzip aufzeigen soll. Dieses Prinzip ist immer und überall gültig. Wenn Sie als Angestellter in Ihrer Firma z.B. endlich Abteilungsleiter werden möchten, weil Sie das nach Ihrer Meinung auch längst verdient hätten, aber der festen Überzeugung sind, dass man Sie aus irgendwelchen Gründen nicht hochkommen lassen will, werden Sie auch niemals hochkommen.

Natürlich liefert Ihnen Ihr Verstand täglich die Beweise für die Richtigkeit Ihrer Vermutung. Kollegen, die die Köpfe zusammenstecken, Mitteilungen, bei denen Sie nicht auf dem Verteiler stehen, wichtige Leute, die sich in der Kantine nicht an Ihren Tisch setzen usw.

Das, was in Ihrem Kopf vorgeht, das strahlen Sie auch aus; und das wird auf der energetischen Ebene natürlich auch von Ihrem Umfeld wahrgenommen.

Wenn Sie aber im Gegenteil der festen Überzeugung sind, dass gar kein Weg an Ihnen vorbeiführt und Sie auch schon überlegt haben, wie Sie das Büro des jetzigen Abteilungsleiters bei Ihrem Einzug umgestalten werden, wenn Sie sich vor Ihrem geistigen Auge bereits auf seinem Stuhl sitzen und telefonieren sehen, dann sind Sie auf einem erfolgversprechenden Weg. Dies ist dann zwar nicht der Weg zum Präsidenten der Vereinigten Staaten, aber den hatten wir ja ohnehin aussortiert.

Natürlich greifen Sie schon jetzt helfend ein, wenn Sie irgendwo ein Problem sehen, und pflegen freundliche Kontakte zu Ihren künftigen Mitarbeitern. Schließlich werden Sie ein beliebter Vorgesetzter sein. Das steht für Sie fest!

Sehen Sie, auch das strahlen Sie dann aus, und auch das wird von Ihrem Umfeld wahrgenommen. Sie sind mit dieser Ausstrahlung auf dem besten Weg, Ihr Ziel zu erreichen.

Jeder Mensch ist wie ein kleiner Radiosender.

Das, was in Ihrem Kopf und vor Ihrem geistigen Auge abläuft, erzeugt eine Schwingung, die Sie dann wie die Wellen eines Radiosenders ausstrahlen. Sind Sie von sich und Ihren Zielen überzeugt, strahlen Sie dies natürlich auch aus, und diese Ausstrahlung wird dann ebenso natürlich vom Umfeld empfangen.

Sind Sie aber selbst nicht von sich und Ihren Zielen überzeugt, wird es wohl kaum möglich sein, andere von sich und Ihren Zielen zu überzeugen. Eigentlich wäre ja schon allein der Versuch so etwas wie eine Zumutung. *Seien Sie doch bitte von mir überzeugt, ich selbst bin es leider nicht!*

Sehen Sie, das ist in der Tat so einfach, dass man darüber lachen könnte, und trotzdem ist es gleichzeitig so unendlich schwer.

Wenn ich nicht von mir und meinen Zielen überzeugt bin, wenn ich kein Urvertrauen aufbringen kann, dann hat dies in der Regel immer etwas mit den Aufzeichnungen und Programmierungen meines Unterbewusstseins zu tun. Ich möchte ja gerne, ich verstehe das ja auch alles, aber ich kann einfach nicht!

Mit dem Verstand weiß ich, dass ich mich nicht zu verstecken brauche, dass ich genau so gut und erfolgreich sein könnte wie die anderen, und trotzdem schaffe ich es nicht. Da ist so etwas wie eine Bremse in mir, die stärker ist als meine Erkenntnis.

Wenn die Programmierungen unseres Unterbewusstseins unserem Wollen entgegenstehen,

siegt immer und ausschließlich das Unterbewusstsein.

Insofern sind Aussagen wie: „Man muss nur wollen, dann kann man auch – mit einem starken Willen ist alles erreichbar – es ist alles eine Frage des Willens", leider nur Nonsens.

Wenn Sie also schon oft mit dem Willen etwas versucht und dann doch nicht erreicht haben, ziehen Sie daraus bitte kein Versagensgefühl. Es lag nicht an Ihnen, es war lediglich der falsche Ansatz.

Erst wenn beide Ebenen des Menschen in die gleiche Richtung zielen, entsteht jene Schubkraft, die Ziele erreichbar macht.

Andernfalls entsteht nichts als lähmende Zerrissenheit, Unsicherheit, Unzufriedenheit, Frust und Selbstzweifel. Ich habe doch schon alles versucht, ich habe mich doch wirklich bemüht, habe doch so viel Zeit und Kraft investiert, Bücher gelesen und Seminare besucht, und trotzdem ...

Um diese Zerrissenheit und die damit verbundenen Selbstzweifel zu vermeiden, ist es unumgänglich, einer der beiden Ebenen die absolute Führungsrolle zu übertragen, und dies kann natürlich nur die unbegrenzte geistig-göttliche Ebene sein, denn die Begrenzung der materiellen Ebene wollen Sie ja verlassen.

Erst wenn Sie sich Ihres wahren ICH BIN bewusst sind und dann von dieser Ebene aus Ihr begrenztes Ego-Ich verständnisvoll beobachten, korrigieren und führen, können Sie mit der Zeit eine Gleichrichtung beider Ebenen erreichen. Die Zerrissenheit, die Selbstzweifel, die Unsicherheit haben ein Ende. Sie handeln in Ruhe und Gelassenheit aus Ihrer wahren Mitte.

Ich lehre die Technik der Umformung störender Programmierungen des Unterbewusstseins ausschließlich in meinen Einzel-Intensivwochen. Dazu ist es absolut erforderlich, an das sogenannte „Eingemachte" eines Menschen heranzugehen, was man in einem Buch leider nicht kann.

So, wie die Aufzeichnungen unseres Unterbewusstseins entstanden sind, so können wir durch gezielte Ursachensetzungen neue Aufzeichnungen hinzufügen, bis dann die neuen Aufzeichnungen mächtiger wirken als die alten.

Was vorher unbewusst ablief, wird nun gezielt gesteuert. Dadurch entsteht so etwas wie ein Zeitraffereffekt. Etwas, was in der gesamten bisherigen Lebenszeit gewachsen ist, kann durch konsequente Arbeit in sechs bis acht Monaten entscheidend korrigiert werden.

Was Sie bisher durch Kampf und Einsatz nicht erreicht haben, fügt sich nunmehr wie von selbst.

Die beiden Ebenen des Menschen auf das gleiche Ziel auszurichten, ist aber trotz des erklärten Zeitraffereffekts kein Hundertmeterlauf, es ist ein Weg. Eine solche Umwandlung geht nicht einfach durch Beschluss.

Ihre begrenzte Ebene, Ihr Unterbewusstsein, das für Ihren Verstand so etwas wie die Software eines Computers darstellt, fühlt sich im Besitz der Wahrheit und wird diese Wahrheit mit allen Mitteln verteidigen.

Nicht, um Ihnen zu schaden, sondern um Sie - ganz im Gegenteil - vor Schaden zu bewahren. Schließlich hat es ja erfahren dass Sie jeden Tag kämpfen müssen, dass Sie wachsam sein müssen, dass Sie niemandem vertrauen können und sich durchbeißen müssen. Die Welt ist nun einmal so!

Über ein romantisch klingendes Geschwätz von Urvertrauen kann Ihr Unterbewusstsein in solchen Fällen nur müde lächeln.

Es wird Sie weiterhin schützen wollen, und es ist wichtig für Sie, das unbegrenzte ICH BIN, dies zu verstehen.

Das Unterbewusstsein arbeitet nicht gegen uns. Es lebt lediglich in einer anderen Wahrheit. Es will uns vor etwas schützen, vor dem wir gar nicht geschützt werden möchten.

Aber es hat auf Sicht keine Chance, wenn, ja, wenn Sie aus der Ebene des unbegrenzten geistig-göttlichen ICH BIN beharrlich und verständnisvoll mit ihm arbeiten, und das können letztlich nur Sie alleine.

ICH BIN
die universelle Kraft,
die mich in die Richtung
meiner Ziele bewegt.

Dabei können die Wege, die Sie im Vertrauen Ihres ICH BIN einschlagen, völlig anders sein als Ihr Verstand sie als richtig erkennen würde. Das ICH BIN äußert sich über ein Gefühl oder eine Intuition und hat nichts mit der so hoch eingeschätzten Logik gemein.

Und weil dies so ist, will Ihr logischer Verstand Sie aus seiner Sicht natürlich sofort vor drohendem Unheil bewahren. Schon zeigt er Ihnen wieder alle Gefahren auf, will alles kontrollieren, alle Fäden in der Hand behalten und nur ja nichts dem so genannten Zufall überlassen. Schließlich hat er ja erfahren, dass gerade Sie aufpassen müssen und Ihnen nichts geschenkt wird.

Wenn ich mit einem Menschen arbeite, verwenden wir einen Großteil der Zeit darauf, seine individuellen Programmierungen auf der unbewussten Ebene zu analysieren und dann bestimmte Techniken einzuüben, welche die Arbeit einer anstehenden Programmänderung etwas leichter machen. Leider gibt es dazu keine Patentrezepte, oder ich würde Sie Ihnen hier darlegen.

Jeder Mensch
ist ein einmaliges Individuum,
das es vorher noch nie so gegeben hat
und auch nachher nie mehr so geben wird.

Jeder steht an einer anderen Stelle seines Weges, und eine sinnvolle Hilfe besteht immer nur darin, ihm genau an dieser Stelle unter die Arme zu greifen. Was dabei für den einen richtig ist, kann für einen anderen völlig falsch sein.

Grundsätzlich kann ich aber sagen, dass Sie eine konsequente Trennung der beiden Ebenen Geist und Materie vornehmen müssen.

1. ***ICH BIN das unbegrenzte geistig-göttliche Wesen in diesem Körper.***
2. ***Ich habe diesen Körper, aber ich bin nicht dieser Körper.***
3. ***Der Körper ist das Haus, in dem ich wohne. Ich bin der Hausherr.***
4. ***Der Körper ist das Instrument, durch das ich handele und meine Erfahrungen mache.***
5. ***Der Körper ist begrenzt – ich bin unbegrenzt***
6. ***Ich war vor diesem Körper, und ich werde nach diesem Körper sein.***

Wenn Sie diese Trennung nicht vornehmen, wenn Sie diese beiden Ebenen vermischen und keine Klarheit schaffen, drehen Sie sich um die eigene Achse und kommen keinen Schritt weiter.

Sprechen Sie bei Ihrer Arbeit die begrenzte körperliche Ebene mit Ihrem Vornamen an. Das macht es etwas leichter.

Nehmen Sie Ihren Vornamen als Synonym der körperlichen Begrenzung. Reden Sie mit Ihrem Hermann oder Ihrer Dagmar liebe- und verständnisvoll! Hermann oder Dagmar können nicht anders, sie leben in ihrer begrenzten erfahrenen Wahrheit zwischen Zeugung und dem Jetzt.

Aber „Sie" können anders! Sie müssen führen, Sie müssen beobachten, Sie müssen korrigierend eingreifen, Sie müssen helfen, wie Sie einem Kind helfen würden.

Ich weiß, liebe Dagmar, dass du Angst hast und wieder alles absichern willst, dass du wieder alles regeln willst, dass du es nicht für möglich hältst, dass wir das schaffen, aber ich weiß, dass wir es schaffen, und ich helfe dir, schau, wir werden jetzt zumindest diesen ersten Schritt machen.

Auf diesem Weg übernehmen Sie, das unbegrenzte geistig-göttliche ICH BIN, dann allmählich die Führung.

Ich habe diese Technik des Draufschauens schon in anderen Büchern von mir beschrieben. Seien Sie also nicht böse, wenn Sie dies sinngemäß schon einmal so von mir gelesen haben. Trotzdem, wenn Sie tiefer in diese Technik einsteigen wollen empfehle ich Ihnen mein Buch „Ich will leben – statt gelebt zu werden."

Wenn jeder, der das vorher schon einmal gelesen hat, es auch umgesetzt hätte, wäre die Welt schon jetzt etwas anders. Also bleibe ich auch hierbei hartnäckig.

11

Geben Sie der Schöpfung eine Chance

Sie haben richtig verstanden, „Sie" sollen der Schöpfung eine Chance geben, und dabei hatten Sie doch bisher immer gehofft, dass die Schöpfung Ihnen eine Chance gibt. Die Schöpfung ist doch mächtiger als Sie.

Wenn Sie so denken, haben Sie die mächtige Kraft Ihres ICH BIN immer noch nicht voll erkannt.

ICH BIN
ist die Schöpferkraft,
die mein Leben bewegt.

Wenn Sie Ihre Schöpferkraft nicht nutzen, wenn Sie sie brach liegen lassen, werden Sie bewegt, statt dass Sie etwas bewegen. Reklamationen sinnlos!

Wenn Sie sich in einen PKW setzen und den Motor, der dieses Gefährt perfekt bewegen könnte, nicht starten, werden Sie auf der Stelle stehen bleiben, obwohl das Fahrzeug über alle Möglichkeiten der Fortbewegung verfügt. Vorwärts wie rückwärts.

Höchstens bekommen Sie bei Ihrem Stehversuch ein paar Beulen, Stöße und den Dreck von denen ab, die Sie rechts und links überholen und denen Sie im Wege stehen.

***Es macht keinerlei Sinn,
sich darüber zu beschweren,
dass andere so schön vorwärtskommen.
Starten Sie doch einfach Ihren Motor!***

Aber ohne Fahrschule geht es auch hier nicht, und ein paar wichtige Fahrtipps möchte ich Ihnen unbedingt mitgeben.

„Geben Sie der Schöpfung eine Chance“, so habe ich dieses Kapitel überschrieben – was heißt das? Einmal fordere ich Sie deutlich auf, Ihren Motor zu starten, und dann sage ich, dass Sie der Schöpfung eine Chance geben sollen.

Was sollen Sie nun tun, Motor starten und Gas geben oder still sitzen bleiben und der Schöpfung eine Chance geben?

Sie sollen beides! Sie sollen Gas geben und dabei trotzdem so viel Raum lassen, dass etwas für Sie geschehen kann. Das möchte ich Ihnen wie folgt erklären.

Auf der Ebene Ihres wahren ICH BIN sind Sie immer und überall mit allem verbunden, natürlich auch mit der allumfassenden göttlichen Quelle, sie ist ja Ihr Zuhause. Sie sind eine Manifestation dieser göttlichen Quelle und niemals von ihr getrennt, auch wenn Sie das manchmal so empfinden sollten.

Sie können jederzeit Kontakt mit dieser Urquelle aufnehmen – natürlich nur, wenn Sie diese Kontaktmöglichkeit auch nutzen. Sie können, aber Sie müssen nicht!

Wir haben bereits darüber gesprochen. Sie können mit Zuhause telefonieren, es ist immer jemand da, der Ihren Anruf entgegennimmt. Ja, man wartet sozusagen auf Ihren Anruf.

Sie können Ihr Zuhause um Hilfe bitten, können um Führung bitten, Sie können um Erkenntnis bitten, nur um Erledigung eines Problems können Sie nicht bitten, dafür sind Sie in dieser Schöpfer-Schule Erde selbst zuständig. Auch darauf habe ich schon hingewiesen.

Würde man etwas für Sie erledigen, würde man Ihnen den Lernstoff wegnehmen. Wenn Sie beispielsweise ein Kind vor allem bewahren wollen, nehmen Sie ihm die Chance, zu wachsen und die Dinge selbst in die Hand zu nehmen. Dies wäre eine völlig falsch verstandene Liebe.

Ich selbst telefoniere relativ häufig mit Zuhause und ich will Ihnen auch eine Vorstellung davon geben, wie das bei mir so ungefähr abläuft:

„Hallo, ihr Jungs da oben, (ich bezeichne sie einfach als Jungs, denn es gibt dort keine Geschlechter), schaut euch das mal bitte aus eurer unbegrenzten Sicht an, ich weiß hier im Moment nicht so recht weiter und kann die Zusammenhänge nicht erkennen. Wenn ihr dürft und könnt, helft mir bitte. Gebt mir ein Zeichen oder schiebt mal kräftig in den Kulissen, ich gebe das mal für den Moment an euch ab".

Wie Sie sehen, pflege ich ein relativ offenes und freundschaftliches Verhältnis zu meinem Zuhause, und ich habe den Eindruck, dass man mir dort auch meinen saloppen Ausdruck „Jungs" keinesfalls übelnimmt. Es ist ja meine Familie, ich gehöre dazu, auch wenn ich im Moment zu einem Kurzlehrgang auf dieser Erde bin.

Ich versichere Ihnen, wenn ich die unbegrenzte Ebene in ungefähr dieser Form um Hilfe bitte – und dann auch wirklich bereit bin loszulassen und abzugeben –, geschehen manchmal so etwas wie Wunder, und ich stehe staunend daneben.

Entweder wird mir plötzlich etwas klar, was ich mit meinem Verstand vorher nicht erkennen konnte, das so genannte Bauchgefühl, von dem wir ja gesagt haben, dass es wohl doch nicht der Bauch ist, oder es geschehen Dinge, die ich selbst trotz aller Anstrengungen nicht hätte bewirken können, ja, die ich nicht einmal für möglich gehalten hätte.

Natürlich vergesse ich dann nie, mich zu bedanken und meine Jungs da oben kräftig zu loben. Wichtig ist die Erkenntnis, dass wir nicht immer für alles gleich den Chef bemühen müssen, wenn Sie mir diesen saloppen Vergleich einmal gestatten. Trotzdem möchte ich Sie ausdrücklich vor etwas warnen:

Tun Sie so etwas nicht einfach nur zum Spaß: *„Ist ja ganz lustig, man kann ja mal sehen, vielleicht hilft es ja wirklich"*. Solch oberflächliches Getue wird ohne jedes Resultat bleiben.

Wenn Sie nicht hundertprozentig dahinter stehen, wenn es für Sie nicht die unbedingte Wahrheit ist und Sie zur Vorsicht die Fäden auch noch selbst in der Hand behalten, kann das Gewehr nach hinten losgehen.

Hindernisse und Schwierigkeiten sind dazu da, dass wir daraus lernen, dass wir aus deren Überwindung gestärkt hervorgehen. Wir können sie elegant und spielerisch überwinden – und dabei auch um Hilfe bitten – oder wir können kämpfen und kämpfen und kämpfen. Es ist eine Frage unseres Ich-Bewusstseins!

Auch aus Steinen, die einem in den Weg gelegt werden, kann man etwas Schönes bauen.

Johann Wolfgang v. Goethe

Sie können über diese Steine fluchen, oder Sie können überlegen, wie Sie sie sinnvoll nutzen. Wenn Sie bewusst eine geistige Ursache gesetzt haben, wenn Sie wissen, dass Sie geführt werden, besteht doch keinerlei Grund, sich um alle Details auf dem Weg zu kümmern, diesen Weg täglich freizukämpfen und damit die eigene Kraft fortwährend an die Beseitigung von Steinen zu binden. Wenn Sie Spaß an solchem Tun haben, legen Sie sich doch einfach eine Kiesgrube zu und spielen täglich darin.

Das begrenzte Ego-Ich, das da kämpft und sich nichts gefallen lassen will - Ihre Verstandesebene –, weiß ja nicht einmal, ob das, um das Sie da kämpfen, zur Erreichung Ihres Zieles auch wirklich notwendig ist oder nicht. Es hält es lediglich aus seiner begrenzten Sicht für notwendig. Vielleicht ist der Stein, der Ihnen gerade jetzt in den Weg gelegt wurde, genau der, den Sie im Sinne Ihrer Zielsetzung nutzen können?

Warum vertrauen Sie auf Ihrem Weg nicht einfach der Ebene, deren Sicht unbegrenzt ist und um deren Hilfe Sie ja gebeten haben?

„Wenn es für mich so richtig ist, wird es so sein!"

Aber wie ich nun sicher hinreichend erklärt habe, müssen Sie den Raum dazu lassen. Wenn Sie zur Vorsicht alles selbst in der Hand behalten, wenn Sie alles sortierten, bewerten, regeln und kontrollieren, weil Ihr begrenztes Ego-Ich Angst hat, auch nur ein wenig loszulassen, kann auch aus der unbegrenzten Ebene heraus niemand etwas für sie tun. Sie haben ja alles selbst in der Hand. Sie stehen sich selbst im Wege.

Natürlich bleiben Sie aufmerksam, tun, was Sie tun können, und geben Ihr Bestes. Sie sind ja nicht in dieser Schöpfer-Schule Erde, um einen Dauerschlaf zu halten.

Sie, das unbegrenzte ICH BIN, beobachten Ihr begrenztes Ego-Ich, Ihren Herman oder Ihre Dagmar, und wenn diese in hektischen Aktivismus zu fallen drohen, alles regeln, alles in der Hand haben wollen, sich in alles hineindrängen, weil sie Angst haben, sonst das Ziel zu verfehlen, dann pfeifen Sie sie bitte unverzüglich zurück.

Sie haben diesen Hermann oder diese Dagmar, aber Sie sind es nicht. Hermann oder Dagmar sind lediglich so etwas wie ein Kostüm oder eine Rolle, das Sie sich vorübergehend zugelegt haben, selbst wenn davor so etwas wie ein Doktor oder gar Professor steht. Völlig unwichtig, Sie, das unbegrenzte geistig-göttliche ICH BIN sind weitaus mehr, als irgendein Titel ausdrücken könnte.

URVERTRAUEN:
Wenn es für mich so richtig ist,
wird es so sein.
Wenn es so nicht richtig ist,
wird es auch so nicht so sein.

Fummeln Sie nicht überall dazwischen. Was Sie mit Ihrem Verstand tun, entspringt der begrenzten Ebene. Sie blockieren damit die viel mächtigere unbegrenzte Ebene. Ihre geistige Führung muss verzweifeln, wenn Sie ihr nirgendwo Raum lassen.

Ich kenne aus meiner Praxis unzählige Beispiele, wo Menschen wirklich alles für die Erreichung eines Ziels getan haben, wo sie gekämpft und um jeden Zentimeter Boden gerungen haben, wo sie nur noch dieses Ziel im Kopf und ihr ganzes Leben danach ausgerichtet hatten, sie zum Schluss wirklich platt waren und der Erfolg trotzdem ausblieb.

Erst, als sie dann ihr Ziel resigniert aufgegeben hatten, als sie losgelassen hatten, als sie unfreiwillig den notwendigen Raum freigaben, als sie Platz machten, realisierte sich ihr Ziel.

Die Schöpfung ist ein Spielplatz, auf dem Sie lernen und Freude haben sollen.

*

Die Schöpfung ist kein Kampfplatz, auf dem Sie verbluten sollen.

Dies wird immer wieder missverstanden. Menschen kämpfen um alles und jedes und verkrampfen dabei so sehr, dass sie sich selbst aus dem Spiel nehmen. Das ist der entscheidende Unterschied:

Unser ICH BIN weiß und führt uns gelassen zum Ziel, unser begrenztes Ego-Ich (Hermann oder Dagmar) weiß nichts und kämpft und kämpft, bis es vom Kampfplatz getragen wird.

Wenn Sie dazu Beispiele brauchen, finden Sie diese zuhauf im Managementbereich, wo gekämpft und verteidigt wird, wo an den Stühlen anderer gesägt wird, bis dann das so genannte Burnout-Syndrom den Kämpfer aus dem Spiel nimmt. Hier wurden die falschen geistigen Ursachen gesetzt.

Wer Kampf sät, wird Kampf ernten!

Warum säen Sie nicht die geistige Ursache für Verständnis, für Hilfsbereitschaft, für Miteinander? Ach, die anderen . . Sie würden ja gerne, aber es bleibt Ihnen ja gar keine andere Wahl als …

***Helfen Sie anderen,
damit Ihnen geholfen wird.
Schaffen Sie sich Freunde statt Feinde.***

Für mich ist das eine der wichtigsten Aufgaben für einen jeden Menschen, auch für Manager, Firmeninhaber, Selbständige. Egal, an welcher Stelle Sie stehen, Sie werden Freunde und das Wohlwollen anderer brauchen, wenn Sie weiterkommen wollen. Aber dazu gehört natürlich die Souveränität des ICH BIN, gehört das Bewusstsein der Verbundenheit. Ihr begrenztes Ego-Ich hat dazu zu viel Angst.

***Wenn Sie irgendwo im Management tätig sind,
sollten Sie mindest zwanzig Prozent
Ihrer Arbeitszeit zur Pflege und zum Ausbau
Ihrer zwischenmenschlichen Beziehungen
verwenden oder Sie werden
über kurz oder lang ausbluten.***

Ach, Sie haben für so etwas keine Zeit. Sie arbeiten ohnehin schon jede Woche über sechzig Stunden im Unternehmen. Verzeihung, wenn ich das so direkt ausdrücke: Wenn so etwas tatsächlich auf Sie zutrifft, sind Sie schlicht und ergreifend unfähig. Wie sollten Sie für das Wohl eines Unternehmens sorgen können, wenn Sie nicht einmal für Ihr eigenes Wohl sorgen können?

Ein bewusstes Selbstmanagement, bei dem Sie dafür sorgen, dass es Ihnen gut geht, in dem Sie verlässliche Seilschaften aufbauen, um Hilfe zu bekommen, wenn es notwendig ist, hilft Ihnen weiter als jeder noch so geschickte Schachzug, mit dem Sie vielleicht jemanden - zumindest vorübergehend - matt setzen.

Der Mattgesetzte wird sich rächen wollen, und das ist genau das, was Sie nicht gebrauchen können. Die Abwehrschlacht bindet dann die Energie, die Sie an anderer Stelle gewinnbringender für sich einsetzen könnten.

Nun wird mancher Leser einwenden, dass wir nun einmal in einer Ellbogengesellschaft leben und jeder auf seinen eigenen Vorteil bedacht ist. Schade, wenn Sie diese Erfahrung gemacht haben, und darf ich fragen, welche Konsequenz Sie daraus gezogen haben?

Haben Sie dann etwa auch die Ellbogen ausgefahren, weil Sie dachten, gar nicht anders zu können? Dann sind Sie doch an diesem Spiel von Aug um Aug, Zahn um Zahn mitbeteiligt, oder etwa nicht? Warum beschweren Sie sich dann?

Handeln durch Nichthandeln – die schwierigste Art des Handelns!

Wenn Sie nicht auf alles eine Retourkutsche geben, wenn Sie nicht jeden Angriff erwidern, lassen Sie den Angreifer ins Leere laufen. Sie nehmen die Luft aus diesem negativen Energiefeld. Wenn Sie aber erwidern, wenn sie zurückschlagen, verstärken Sie dieses Energiefeld, und dies geschieht immer zu Ihrem eigenen Nachteil.

Wie könnte jemand mit mir streiten, wenn ich nicht mit ihm streiten will? Probieren Sie das der Einfachheit halber doch zunächst einmal in Ihrer Partnerschaft aus. Dies wäre doch schon ein Anfang.

Wenn ich auf mein Leben zurückblicke, habe ich in jungen Jahren an vielen Stellen und in vielen Situationen gekämpft und gekämpft und mir dabei doch nichts als eine blutige Nase eingehandelt. Erst als mein unbegrenztes ICH BIN immer mehr die Führung übernahm, als ich lernte, loszulassen und meiner geistigen Führung zu vertrauen, geschahen die Dinge plötzlich für mich und nicht gegen mich.

Bitte verstehen Sie diesen Satz nicht falsch, es geschah natürlich auch vorher für mich und nicht gegen mich. Das Problem bestand alleine darin, dass mein begrenztes Ego-Ich eine völlig andere Meinung von dem hatte, was für mich und was gegen mich war.

Erst aus der Sicht meines unbegrenzten ICH BIN konnte ich die größeren Zusammenhänge erkennen, und heute bin ich für all die schmerzhaften Nackenschläge dankbar. Sie waren absolut notwendig, oder ich hätte mein Klassenziel niemals erreicht.

URVERTRAUEN: Nichts geschieht gegen mich, auch wenn ich im Moment noch nicht erkennen kann, welche Bedeutung es für mich hat.

Wenn Sie Schwierigkeiten haben, einen solchen Satz anzunehmen, dann habe ich dafür absolutes Verständnis.

Wie kann zum Beispiel die Diagnose einer Krebserkrankung für mich und nicht gegen mich sein? Wie kann es für mich sein, wenn mein geliebter Partner oder eines meiner Kinder stirbt? Wie kann es für mich sein, wenn mir mein so dringend benötigter Job gekündigt wird? Wie können all die Probleme, mit denen ich mich tagtäglich herumschlagen muss, für mich und nicht gegen mich sein?

Bleiben wir bei diesen Beispielen: Auch eine Krebserkrankung ist - wie auch alle anderen Erkrankungen - eine Aufgabenstellung, an der ich wachsen und erkennen kann. Sie kann mich weiterführen, und ihre Bewältigung kann einen ungeheuren Wachstumsschub bedeuten, den ich ohne die Erkrankung nicht gemacht hätte.

Aus meiner Praxis kenne ich viele Menschen, denen ich bei der Überwindung einer solchen Aufgabenstellung helfen konnte und die heute in einem ganz anderen Bewusstsein leben. Ihr Wertesystem hat sich total verändert. Auch bei solchen Aufgabenstellungen ist das ICH BIN von ausschlaggebender Bedeutung.

ICH BIN das unbegrenzte göttlich-geistige Wesen in diesem Körper. ICH BIN vollkommen gesund und kann meine vollkommene Gesundheit auch auf diesen Körper übertragen.

Nun will ich in diesem Buch nicht tiefer in die Techniken der Krankheitsbewältigung einsteigen, es würde hier zu weit führen. Ich habe dies bereits ausführlich in meinem Buch „Sprechstunde mit dem inneren Arzt" getan.

Behandeln wir auch kurz das angeführte Beispiel, dass ein Partner oder Kind stirbt. Wie kann das für mich und nicht gegen mich sein?

Also zunächst einmal: Es gibt keinen „Tod". Es gibt nur den Wechsel zwischen manifestiertem und unmanifestiertem Geist, zwischen Form und formlos.

Wenn jemand stirbt, ist er damit nicht ausgelöscht, er oder sie hat lediglich das Kostüm abgelegt, in dem wir ihn oder sie gekannt haben. Er ist wieder nach Hause gegangen, ist wieder zur Quelle zurückgekehrt.

Vielleicht, weil die Lernaufgabe des Verstorbenen erledigt war, vielleicht auch, weil keinerlei Aussicht mehr auf eine Erledigung bestand, weil er sich seiner Lernaufgabe verweigert hat oder auch weil er uns seinerseits mit seinem Tod eine Lernaufgabe serviert hat. Vielleicht die Aufgabe des Loslassens, des Annehmens oder dergleichen.

Wenn ich trauernde Hinterbliebene beobachte, muss ich immer wieder feststellen, dass sie nicht um den Verstorbenen trauern – was sie zwar klagend angeben –, sondern um das, was man ihnen genommen hat, um das Spielzeug, mit dem sie nun nicht mehr spielen können. Manchmal auch um den Streitpartner, mit dem sie nun nicht mehr streiten können. Es sind tief verletzte Ego-Ichs, die hier weinen und trauern! Nicht unstatthaft, aber wir sollten uns dessen zumindest bewusst werden.

Um die armen Verstorbenen müssen wir nicht trauern, die haben kein Problem – wir haben ein Problem.

Besprechen wir auch noch kurz das letzte Beispiel, den Verlust eines dringend benötigten Jobs. Ein Schicksalsschlag oder eine Wachstumschance?

Mit jeder Veränderung ist die Chance einer neuen Erfahrung und damit auch eines weiteren Wachstums verbunden.

URVERTRAUEN:
Wenn mir etwas genommen wird, muss etwas Wichtigeres auf mich warten, oder es würde mir nicht genommen.

Wenn ich festhalte, wenn ich alles so lassen will, wie es ist, weil ich mich nun einmal daran gewöhnt habe, weil ich mein Leben danach eingerichtet habe, dann stehe ich still und versuche mich dem dauernden Wandel der Schöpfung, in dem nichts auch nur eine Sekunde so bleibt, wie es ist, zu entziehen.

Glauben Sie im Ernst, dass Ihnen so etwas gelingen könnte? Früher oder später werden Sie bewegt, und der Verlust eines Jobs ist lediglich eine der unzähligen Varianten, Sie in Bewegung zu bringen. Nutzen Sie die damit verbundene Chance, nehmen Sie die Aufgabe an, und jammern Sie nicht über die vermeintliche Ungerechtigkeit, dass es nun gerade Sie trifft, wo Sie doch immer alles …

Gehen Sie ins Urvertrauen. Machen Sie sich bewusst, dass in dieser Schöpfung nichts gegen Sie geschieht. Bitten Sie um Hilfe und Führung, geben Sie Ihr Bestes, tun Sie, was Sie können, aber lassen Sie auch noch jenen Raum, in dem etwas für Sie geschehen kann.

Es wird geschehen! Garantiert!

12

Die geistigen Gesetze

Wie ich Ihnen bereits deutlich gemacht habe, sollten wir niemals versuchen, eine geistige Ursachensetzung gegen ein Mitgeschöpf zu richten. Wir haben dazu ein sehr einfaches Beispiel angeführt und gesagt, dass eine solche Ursachensetzung wie ein Bumerang auf uns selbst zurückfallen würde.

Ebenso wenig sollten wir versuchen, eine geistige Ursache gegen die Gesetzmäßigkeiten der Schöpfung zu richten. Dies wäre nicht nur völlig aussichtslos, es wäre ganz einfach töricht und ohne jede Chance. Die Gesetzmäßigkeiten der Schöpfung sind unbeeinflussbar.

Die göttliche Schöpfung läuft nach festen Gesetzmäßigkeiten ab, in denen es keinen Zufall gibt. Gott ist kein Spieler! Gott würfelt nicht!

Weil ich diese Gesetzmäßigkeiten nun einmal nicht ändern kann, sollte ich sie umso sorgfältiger bei meinen Ursachensetzungen berücksichtigen. Ich sollte zu meinem eigenen Nutzen mit den geistigen Gesetzen kooperieren. Ja, ich kann sie sogar für mich wirken lassen.

Nehmen wir auch dazu ein Beispiel aus dem täglichen Leben: Wir haben eine Menge Gesetze, die den Straßenverkehr regeln, und wir sind klug beraten, unser Fahrverhalten danach auszurichten. Wenn wir unser Fahrzeug in einem absoluten Halteverbot abstellen, wird es wohl über kurz oder lang abgeschleppt werden. Wir werden sozusagen aus dem Verkehr genommen. Eine sehr drastische Maßnahme.

Sollten wir auf der Autobahn die falsche Fahrtrichtung erwischen und gegen den Verkehr fahren, wird die halbe Nation sofort über Radio informiert und zur Vorsicht gemahnt. Wir werden dann als Geisterfahrer bezeichnet, was nicht unbedingt etwas mit den geistigen Gesetzen zu tun hat, aber doch eine gewisse Verwandtschaft erkennen lässt.

Bei kleineren Zuwiderhandlungen genügt meist eine Geldstrafe, oder wir werden verwarnt. Nicht unbedingt auf die leichte Schulter zu nehmen, denn auch auf diese Weise können wir fleißig Punkte sammeln. Wenn unser Konto dann irgendwann überzogen ist, können wir auch dafür aus dem Verkehr gezogen werden.

Nun weiß ich natürlich, dass jeder Vergleich irgendwo hinkt, aber mit den geistigen Gesetzen ist es im Grundsatz nicht viel anders als mit den Gesetzen im Straßenverkehr. Jede Zuwiderhandlung beschert uns Probleme. Große Zuwiderhandlungen werden sofort geahndet, kleine Zuwiderhandlungen summieren sich bis zu einer deutlichen Ahndung. Eine Beachtung dieser Gesetzmäßigkeiten jedoch erspart uns Rückschläge aller Art und erleichtert uns den Weg.

Wenn wir es dann sogar zu so etwas wie einer Meisterschaft im Umgang mit den geistigen Gesetzen gebracht haben, können wir sogar das höhere Gesetz gegen das niedrigere Gesetz stellen. Etwas, was man als „geistige Alchemie“ bezeichnet.

Nun würde es in diesem Buch zu weit führen, tiefer in solche Techniken einzusteigen. Dazu wäre eine gründliche Vorbereitung eines jeden Einzelnen notwendig, und dies ist in einem Buch leider nicht möglich. Für das, was ich Ihnen nahebringen möchte, genügt es vollkommen, wenn Sie grundsätzlich um die Gesetzmäßigkeiten wissen und sie entsprechend berücksichtigen.

Die geistigen Gesetze sind in ihrer Essenz am klarsten in den so genannten „Hermetischen Prinzipien“ festgehalten, und mit diesen Prinzipien möchte ich Sie im Laufe dieses Kapitels vertraut machen. Aber was sind nun Hermetische Prinzipien, was bedeutet die Bezeichnung „hermetisch“?

Sie alle kennen sicher den Ausdruck „hermetisch abgeriegelt“, wenn uns die Zugänge zu einem bestimmten Ort vollständig verwehrt werden. Regierungsgebäude, Kongresshallen, Sportstätten, ganze Straßenzüge, Unfallorte und dergleichen können hermetisch abgeriegelt werden, und da ist dann auch kein Durchkommen mehr. Kein Hinein und kein Hinaus, und genau das ist ein Hauptmerkmal der uralten Hermetischen Wissenschaften – sie waren vollkommen abgeriegelt.

Sie waren und blieben über Jahrtausende geheim und wurden nur vom Meister zum Schüler, und hier wiederum nur von Lippe zu Ohr weitergegeben. Sie wurden nirgendwo niedergeschrieben und konnten somit weder gefälscht noch bekämpft oder gar verbrannt werden. Sie blieben unangreifbar und konnten somit in keiner Weise vereinnahmt oder zu religiösen oder politischen Zwecken missbraucht werden.

Zwar sind sie ganz selbstverständlich in die verschiedenen Religionen und Weltanschauungen eingeflossen, aber niemand konnte sie allein für sich beanspruchen. Auch in der christlichen Bibel ist nichts enthalten, was den geistigen Gesetzen der Hermetik grundsätzlich widersprechen würde. Ganz im Gegenteil.

Selbst die Eingeweihten der Hermetik wussten auf ihrem langen Weg zur Meisterschaft immer nur so viel, wie sie ihrem jeweiligen Stand entsprechend wissen mussten. Ähnlich der Schöpfer-Schule Erde wurden ihnen nur Aufgaben gestellt, die dem Grad ihrer erworbenen Fähigkeiten entsprachen.

Der Ausdruck „hermetisch" geht auf „Hermes tris Megisti" den dreimal Großen zurück, der zu Beginn der ersten großen Ägyptischen Dynastien, vor ca. fünftausend Jahren, gelebt haben soll, was aber historisch nicht einwandfrei bewiesen ist. Ein herausragendes Zeugnis seines Wissens ist die so genannte Tabula Smaragdina, deren Text ich Ihnen nicht vorenthalten möchte.

TABULA SMARAGDINA

Es ist wahr, ohne Lügen, gewiss und wahrhaftig.
Was oben ist, ist wie das, was hier unten ist,
und was hier unten ist, ist wie dasjenige, was dort oben ist,
auszurichten die Wunder eines einigen Dinges.

Wie alle Dinge von einem einigen sind,
durch eines einigen Betrachten,
also sind von dem einigen Dinge
alle geboren durch die Zubereitung.

Dieses Dinges Vater ist die Sonne,
dieses Dinges Mutter ist der Mond,
der Wind hat´s in seinem Bauche getragen,
dieses Dinges Ernährerin oder Amme ist die Erde.
Der Vater aller Vollkommenheit in der
ganzen Welt ist dieses.
Seine Kraft bleibt vollkommen,
wenn es in die Erde verwandelt ist.

Scheide die Erde vom Feuer,
das Dünne und Zarte vom Zähen oder Groben,
lieblich mit großem Verstande oder Vorsichtigkeit;
von der Erde steigt es hinauf in den Himmel
und steiget wieder hinab zur Erde
und nimmt an sich die Kraft der Dinge, die oben sind,
und der Dinge, die unten sind,
auf diese Weise wirst du die Ehre
der ganzen Welt empfangen,
und alle Finsternis wird von dir weichen.

Dieses ist die Kraft und Stärke aller Kräfte und Stärke,
weil es alle dünnen und zarten Dinge überwinden
und alle harten und festen Dinge durchdringen wird.

So ist die Welt erschaffen worden.
Hierauf entstehen viele wunderbare Bereitungen,
deren Art und Weise diese ist.
Darum bin ich der dreimal große Hermes genannt,
weil ich die drei Teile der Weisheit besaß;
nun ist vollendet,
was ich von der Bearbeitung des Goldes gesagt.

Ich glaube, man muss diese Tafel mehrmals Satz für Satz lesen um ihrer tiefen Würde und Weisheit wirklich innezuwerden. Wenn wir dann noch überlegen, in welchem Entwicklungsstadium sich unser eigener Kulturkreis befand, als diese Tafel entstand, dann kommen wir nicht umhin, sie mit Ehrfurcht zu betrachten.

Ich bin tief überzeugt, dass Teile der Menschheit im Verständnis geistiger Zusammenhänge bereits einmal sehr viel weiter waren, als wir es in unserer heutigen, vorwiegend materiell geprägten Welt sind.

Bestätigt diese Tafel doch all das, was wir am Anfang dieses Buches über die eine allumfassende Quelle, die sich in die Schöpfung ergießt, gesagt haben. Es gibt wirklich nur das Eine, und unser ICH BIN ist eine Manifestation dieses einzig Einen. Machen wir uns dies immer wieder bewusst. Es ist der Schlüssel, der uns in die Hand gegeben wurde, es ist unser göttliches Erbe.

Aber gehen wir nun zu den Gesetzmäßigkeiten der Schöpfung, wie sie in den sieben Hermetischen Prinzipien aufgezeichnet sind. Vieles wird Ihnen schon bekannt vorkommen, vieles ist bereits in das bisher Gesagte eingeflossen. Wie könnte es auch anders sein, wenn alles aus dem Einen entstanden ist?

1.

Das Prinzip der Geistigkeit der Schöpfung

„Das All ist Geist, das Universum geistig.“

Hinter allem steht Geist. Geist ist der Ursprung aller geschaffenen Dinge. Diesen Geist, den wir mit unserem begrenzten Verstand niemals erfassen werden, können wir auch ebenso bezeichnen, wie es alle alten Kulturvölker dieser Erde getan haben: „Gott“. So sagte es der von mir bereits zitierte Naturwissenschaftler Max Planck.

Ich habe gesagt, dass wir mit unserer geistigen Schöpferkraft so etwas wie Gott im Miniformat sind und dass wir hier auf dieser Erde sind, um den bewussten Umgang mit dieser Schöpferkraft - unserem göttlichen Erbe - zu erlernen. (Natürlich gibt es keine Götter im Miniformat, aber Sie verstehen sicher, was ich meine).

Wir sind im Umgang mit unserer geistigen Schöpferkraft so etwas wie Schüler oder Lehrlinge. In welchem Schul- oder Lehrjahr sich jeder einzelne von uns befindet, ist allerdings recht unterschiedlich.

Das Prinzip der Geistigkeit der Schöpfung bedeutet vor allem, dass wir mit unseren eigenen geistigen Ursachensetzungen auch unsere eigene Welt und unser eigenes Umfeld erschaffen. Die Welt ist weder so noch so, sie ist allein so, wie wir sie sehen, wie sie unsere Sicht der Dinge für uns aufbereitet.

Wenn wir nun in einem Umfeld leben, mit dem wir keinesfalls zufrieden sind, dann gibt es niemand anders als wir selbst, der

dies durch geistige Ursachensetzungen verursacht hat, und es gibt auch niemand anders als uns selbst, der dies durch geistige Ursachensetzungen wieder ändern könnte.

Dabei müssen wir allerdings den Blick einmal über unseren derzeitigen kleinen und begrenzten Alltag hinausrichten.

Jedes menschliche Leben beinhaltet eine bestimmte Aufgabenstellung, beinhaltet ein ganz bestimmtes Lernprogramm, das sich wie ein roter Faden durch dieses Leben hindurchzieht. Es gibt dabei keinen Zufall!

Dieses Lernprogramm wird allein durch den Stand unserer Fähigkeiten, die wir bislang in dieser Schöpfer-Schule Erde erworben haben, bestimmt. Dabei werden wir keinesfalls überfordert. Befinden wir uns in der vierten Klasse, wenn wir bei unserem Schulbeispiel bleiben wollen, wird uns dort mit Sicherheit nicht der für uns noch unlösbare Stoff der siebten Klasse serviert. Das System ist nicht ungerecht.

***Da, wo wir sind, sind wir genau richtig.
Auch wenn wir gerne woanders wären
und andere um deren Platz beneiden.***

Sicher können wir allerdings sein, dass wir gar nicht erst in die vierte Klasse versetzt werden, solange wir den Stoff der dritten Klasse nicht beherrschen Auch darin ist nichts Ungerechtes zu erkennen..

Ein ungelöster Lernstoff wird uns so lange serviert, bis wir endlich verstanden haben.

So gibt es Menschen, die immer auf der gleichen Stelle treten, die immer in den gleichen Problemen stecken, die inzwischen vielleicht schon resigniert haben und dabei alles und jedes für ihr Schicksal verantwortlich machen, nur nicht sich selbst. Vermutlich werden sie mit dieser Sichtweise noch lange am gleichen Platz stehen. Es gibt keine Eile, es gibt keine Zeit. Auch die werden dort ankommen, wo sie hinsollen.

Nun ist ein solcher Klassenbesuch nicht immer der Lebensspanne eines Menschen gleichzusetzen. Es ist durchaus möglich, dass wir in einem Leben gleich mehrere Klassenziele erreichen, ja, dass wir sogar Klassen überspringen oder umgekehrt bestimmte Klassen wiederholen müssen.

Das liegt allein an unserer Lernfähigkeit, an unserer Bereitschaft, auch uns selbst zu hinterfragen, daraus die notwendigen Erkenntnisse zu ziehen und dann durch gezielte Ursachensetzungen zu den notwendigen Korrekturen anzusetzen.

Wir können eine Aufgabenstellung annehmen oder uns verweigern und aufs Jammern verlegen. Wir sind Herr und Meister unseres Lebens.

So gibt es Menschen, die eine bestaunenswerte Entwicklung nehmen und allen davoneilen. Deshalb sind die einen nicht die Pechvögel und die anderen die Glückspilze. Der Unterschied besteht allein darin, dass die einen erkannt haben und die anderen leider nicht, ja, dass sie sich vielleicht sogar hartnäckig weigern zu erkennen. Ist es doch wesentlich bequemer, andere, oder vielleicht sogar Gott in der Verantwortung für das eigene Schicksal zu sehen. Die so oft festzustellende Opferrolle: „Ich hatte ja nie eine Chance".

„Wenn doch endlich einmal etwas für mich geschehen würde, wenn ich doch endlich einmal genügend Geld hätte, wenn er oder sie sich doch endlich ändern würde, wenn man doch endlich einmal anerkennen würde, wenn mich doch endlich jemand lieb haben würde usw." Völlig sinn- und aussichtslos.

Wie soll denn endlich etwas für Sie geschehen, wenn Sie es nicht verursachen?

Wie wollen Sie endlich zu genügend Geld kommen, wenn Sie nur darüber jammern, keines zu haben?

Wieso soll er oder sie sich doch endlich ändern, wenn Sie sich nicht ändern? Sie haben kein Recht, andere zu ändern.

Wie soll Sie endlich jemand anerkennen, wenn Sie sich selbst nicht anerkennen?

Wie soll Sie endlich jemand lieb haben, wenn Sie sich selbst nicht lieb haben können? Eine Zumutung! Hab´ du mich doch bitte lieb, ich kann es nicht.

ICH BIN die unbegrenzte geistige Schöpferkraft, die mein Leben gestaltet.

Ich kann das nicht oft genug wiederholen. Also fangen Sie endlich mit der Gestaltung Ihrer Lebensumstände an. Aber sofort meldet sich natürlich Ihr begrenztes Ego-Ich und weiß tausend Gründe, warum gerade dies bei Ihnen im Moment nahezu unmöglich ist. Wahrscheinlich müssen Sie „erst noch..."

Meine Empfehlung: Werden Sie sich Ihres wahren ICH BIN bewusst. Gehen Sie in die Trennung vom begrenzten Ego-Ich, bewahren Sie Abstand, schauen Sie es von außen liebevoll und verständnisvoll an, beruhigen Sie Ihr Ego-Ich und führen Sie es dann behutsam in eine neue Richtung. Vertrauen Sie mir - es geht! Die Technik dazu habe ich ausführlich in meinem Buch „Ich will leben, statt gelebt zu werden" beschrieben.

Aber wie auch immer Sie Ihren Weg beginnen, wählen Sie die ersten Schritte nicht zu groß. Ihr begrenztes kleines Ego-Ich hat Angst. Stellen Sie sich vor, dass Ihr Ego-Ich ebenso wie ein kleines Kind reagiert, das Angst hat. Wie können Sie Ihrem Kind helfen, „seine Angst" endlich zu überwinden. Auch schon ein kleiner Schritt führt in die gewünschte Richtung.

2.

Das Prinzip der Entsprechung

„Wie oben, so unten, wie unten, so oben."

Das kleinste Atom bewegt sich nach den gleichen Gesetzmäßigkeiten, die das gesamte Universum bewegen. Was wir im Kleinsten erkannt haben, können wir auf das Größte übertragen. Die Gesetzmäßigkeiten bleiben immer und überall die gleichen, oder es wären keine Gesetzmäßigkeiten.

Ein Streit entsteht im Kindergarten nach genau den gleichen Gesetzmäßigkeiten wie in der weltumspannenden UNO, ohne dass man diese Einrichtung dazu noch ausdrücklich als Kindergarten bezeichnen müsste. Eine einzelne Familie bricht nach den gleichen Gesetzmäßigkeiten auseinander, wie ganze Völkerfamilien auseinanderbrechen, wobei wir die ehemals riesige UDSSR als Beispiel nehmen können.

Neid, Eifersüchteleien, Misstrauen, Konkurrenzdenken und Geltungsbedürfnis, kurz, die ganze Scala menschlicher Gefühlsregungen sind dabei die mächtigsten Antriebsfedern. Sie sind beim Streit um ein Plastikauto im Sandkasten ebenso wirksam wie beim Streit zweier Völker um eine Insel oder was auch immer.

In Wahrheit gibt es nichts Großes oder Kleines. Es gibt – das ist alles. Erst unsere individuelle Bewertung macht es zu etwas Großem oder Kleinem, Wichtigem oder Unwichtigem, Gerechtem oder Ungerechtem.

Wenn jemand mit einem relativ kleinen Geldbetrag nicht umgehen kann, kann er es auch nicht mit einem großen Betrag. Die erstaunlich hohe Zahl der unglücklichen und am Ende sogar überschuldeten Lottogewinner mag dazu als Beweis dienen. Was ich im Kleinsten nicht beherrsche, beherrsche ich auch nicht im Größten. Wenn ich im Kleinsten keine Ordnung habe, werde ich sie auch im Größten nicht haben.

Wie einige Leser aus anderen Büchern von mir wissen, durfte ich als Vierzehnjähriger eine dreijährige Lehre als Schriftsetzer absolvieren. Mein Vater war ein ungelernter Fabrikarbeiter und wollte, dass ich es einmal besser haben sollte. Ich sollte im Gegensatz zu ihm einen vernünftigen Beruf erlernt haben und einen Kittel statt einen blauen Arbeitsanzug tragen.

Mein Lehrmeister, den ich zutiefst gehasst habe, quälte mich regelmäßig damit, dass ich in der kleinsten verfügbaren Schriftgröße (Sechs Punkte, Nonpareille), Geschäftsbedingungen absetzen musste, wie man sie üblicherweise auf der Rückseite von Rechnungen oder Auftragsbestätigungen im Graudruck findet. Das hieß, Buchstabe für Buchstabe in Kleinstgröße aus den Fächern des Setzkastens greifen und dann in einem sogenannten Winkelhaken aneinanderfügen, bis mehrere Zeilen einen Textblock bildeten, der aus ein- bis zweitausend einzelnen Bleibuchstaben bestand.

Die Schwierigkeit bestand darin, dieses instabile Gebilde dann aus dem Winkelhaken auszuheben und auf ein sogenanntes Schiffchen zu platzieren. Ich rächte mich dadurch, dass mir bei diesem Prozedere nicht selten der gesamte Textblock zusammenfiel und nur noch ein wilder Haufen einzelner Bleibuchstaben übrig blieb. Dieser Haufen musste dann zunächst wieder mühsam in die einzelnen Buchstaben-Fächer zurücksortiert werden, um das Ganze dann von Neuem beginnen zu können.

Der dabei zustande kommende Zeitverlust war natürlich gewaltig, und so wurden solche Arbeiten mit der Zeit - vor allem dann, wenn etwas eilig war - etwas seltener auf mich übertragen. Heute weiß ich, dass auch das, was ich damals als Quälerei empfunden habe, ein wertvoller Teil meines Weges war und dass ich ihn durch meine innere Weigerung selbst verursacht habe.

Bitte verzeihen Sie mir diesen kleinen Ausflug. Gehen wir zu unserem Thema zurück.

Auch der Vorstandsvorsitzende eines weltumspannenden Konzerns funktioniert nach den gleichen menschlichen Verhaltensstrukturen wie seine Putzfrau. Wenn wir ihn aus seiner Dienstlimousine herausnehmen und nur mit Unterhose bekleidet auf ein rostiges Fahrrad setzen, ist an ihm nicht mehr oder weniger zu beobachten als an jedem anderen Menschen auch. Höchstens, dass er sich recht linkisch und unbeholfen anstellt, was es uns dann relativ leicht macht, ihn milde lächelnd als Volltrottel zu bezeichnen. Alles eine Frage der Perspektive.

Wenn wir uns bewusstmachen, dass alles eine Erscheinungsform der gleichen allumfassenden Quelle ist, dass nichts und niemand über oder unter uns steht und die unterschiedlichen Plätze, an denen wir stehen, nichts über unseren Wert, sondern lediglich etwas über unsere individuelle Lernaufgabe aussagen, haben wir eine Plattform erreicht, die uns jedem Menschen mit gleicher Achtung und Verständnis gegenübertreten lässt.

Es gibt nicht „die da oben", wir stellen sie lediglich dort hin, es ist unsere Perspektive. Die da oben sind wie die da unten und die da unten sind wie die da oben, stehen nur im Moment mit unterschiedlichen Lernaufgaben an unterschiedlichen Stellen, bevor sie wieder in die gleiche allumfassende Quelle zurückfallen.

3.

Das Prinzip der Schwingung

„Nichts ist in Ruhe, alles bewegt sich, alles ist Schwingung."

Es gibt keine feste Materie an sich. Auch ein uns als absolut fest erscheinender Felsbrocken, wie auch der schwere Amboss eines Schmiedes bestehen aus schwingenden Atomen. Dies ist die *„absolute Wahrheit."*

Wenn wir nun aber daraus die Erkenntnis ziehen wollen, dass wir ohne Probleme ebenso gegen den Amboss treten können, wie wir gegen einen Fußball treten, da der Amboss ja nur aus schwingenden Teilchen besteht, dann werden wir sehr drastisch mit der *„relativen Wahrheit"* Bekanntschaft machen, und das tut dann sehr weh.

Auch Farben sind Schwingungen, Töne sind Schwingungen, Landschaften können eine bestimmte Schwingung haben, und auch jeder einzelne Mensch sendet eine bestimmte Schwingung aus. Wenn wir einem Menschen begegnen, der auf Anhieb anziehend sympathisch auf uns wirkt, dann bewegt er sich mit Sicherheit auf der gleichen Schwingungsebene wie wir, oder er würde nicht anziehend auf uns wirken.

Gleiches zieht Gleiches an, und Ungleiches stößt Ungleiches ab. Öl und Wasser lassen sich nicht vermischen.

Wir betreten ein Hotel, eine Gaststätte, eine Kirche, eine private Feier oder die Versammlung eines Sportvereins und fühlen uns dort auf Anhieb wohl oder unwohl, ohne dafür eine logische

Erklärung finden zu können. Trotzdem suchen wir nach einer Erklärung - unser Verstand will nun einmal befriedigt werden - und geben uns dann meist mit jeder halbwegs vertretbaren Argumentation zufrieden. Wenigstens etwas.

In bestimmten Kleidungsstücken fühlen wir uns wohl, andere hingegen ziehen wir nur sehr selten an und sind froh darüber, dann irgendwann ein Argument zu finden, sie endlich in die Plastiktüte der Kleidersammlung stecken zu können. Zu weit, zu eng, zu lang, zu kurz, unmodern oder auch das Muster, die Farbe, sind nichts als Erklärungsversuche für etwas, das wir eigentlich nicht erklären können. Wir mögen dieses Kleidungsstück einfach nicht mehr.

Aber wir haben dieses Kleidungsstück doch selbst einmal gekauft, könnte man einwenden. Ja, sicher haben wir es gekauft, aber vermutlich haben wir es gekauft, als wir in einer ganz anderen Schwingung waren, als wir es heute sind.

Sie kennen dieses Phänomen wahrscheinlich von den so genannten Urlaubseinkäufen. Selbst der Wein, den Sie in Ihren Ferien jeden Abend so gerne auf der Terrasse am Meer getrunken haben und von dem Sie trotz des Gepäck-Übergewichts ein paar Flaschen mitgenommen haben, schmeckt nun zuhause ganz anders.

Gehen wir weiter. Auch unsere Gedanken und unsere Gefühle erzeugen eine Schwingung, die wir wie ein kleiner Radiosender ausstrahlen, und auch dabei zieht Gleiches wieder Gleiches an. Ich habe dieses Beispiel schon einmal genannt.

Zwei Depressive werden keine Mühe haben, sich zu finden und gemeinsam diese schlimme Welt zu beklagen. Ein fröhlicher Mensch hingegen wird sich kaum von einem Depressiven angezogen fühlen, obwohl der Depressive doch gerade seine Schwingung so dringend benötigen würde.

Selbst wenn der Fröhliche sich dem Depressiven bewusst zuwendet, um ihm zu helfen, werden sie sich nicht verstehen können. Sie finden einfach keinen Draht zueinander, wie man das ausdrücken könnte. Die Schwingungsebene stimmt nicht.

Bei unseren geistigen Ursachensetzungen ist also auch das Schwingungsfeld, in das wir die Ursache setzen, von großer Bedeutung. Dieses Schwingungsfeld ist wie der Boden, in den wir ein Pflänzchen stecken.

Magere Böden werden
nur magere Ernten bringen,
reiche Böden hingegen werden
reiche Ernten bringen.

Ich sage es noch einmal: Armut zieht Armut an, Reichtum zieht Reichtum an. Ungerecht? Nein. Wenn Sie den Kreislauf der Armut durchbrechen wollen - und diese Armut gilt für wirklich alle Ebenen menschlichen Daseins, nicht nur für die Materie - müssen Sie zunächst Ihre Schwingungsebene ändern, und dies geschieht wiederum ausschließlich auf der geistigen Ebene.

ICH BIN
die reiche Fülle Gottes
und übertrage diese Fülle jetzt auch
auf mein irdisches Leben.

Was dann als konkrete Ursachensetzung folgen müsste, ist so vollkommen abhängig von der individuellen Lebenssituation eines einzelnen Menschen, dass ich hier dazu keine konkreten Vorschläge machen kann. Aber immer handelt es sich bei solchen Ursachensetzungen um konkrete Bilder, die vor dem geistigen Auge ablaufen, Bilder, in denen das Ziel der Ursachensetzung bereits zur Wirklichkeit geworden ist. Die Ursachensetzung ist geistig!

Vor meinem geistigen Auge sehe ich bereits das Ergebnis. Ich lebe bereits in diesem Endergebnis, das angestrebte Ergebnis ist bereits zur Wirklichkeit geworden. Mit diesen Bildern erzeugen Sie eine geistige Schwingung, die dann wiederum die gleiche Schwingung anzieht.

Wenn Sie dann auch noch die von mir empfohlene kleine Vorsichtsmaßnahme „wenn es so sein darf" eingebaut haben, können Sie ganz sicher sein, nichts Falsches anzuziehen.

Viele Menschen arbeiten mit so genannten Affirmationen. Sie sprechen oder drehen gebetsmühlenartig bestimmte Formeln in ihrem Kopf herum und hoffen, damit etwas zu bewirken: *„Ich liebe das Geld und das Geld liebt mich – gegenseitig ziehen wir uns magisch an – Geld gehört zur natürlichen Fülle meines Lebens – während ich arbeite, wächst mein Konto Tag und Nacht."*

Nun soll der Glaube ja bekanntlich Berge versetzen können, aber wer tatsächlich glaubt, allein durch solche Übungen etwas zu bewegen, wird vermutlich hart enttäuscht werden. Damit solche Übungen zumindest eine minimale Wirkung haben können, muss das Ziel auf meiner geistigen Ebene bereits zur Wahrheit geworden sein.

***„Ich weiß, dass es so ist“**, und nicht **„Ich möchte, dass es so wird“**.*

Der geringste Zweifel, die kleinste Unsicherheit nehmen solchen Formeln jegliche Schwingungskraft. *„Ich kann´s ja mal versuchen, vielleicht hilft es ja“* ist völlig aussichtslos. Einfach Dahingesagtes, ohne dass es meine gelebte Überzeugung und Wahrheit ist, bleibt völlig wirkungslos.

Ebenso aussichtslos sind solche Bemühungen, wenn auf meiner unbewussten Ebene das gegenteilige Programm verankert ist. Wenn mir beigebracht wurde oder ich selbst die Erfahrung gemacht habe, dass ich sowieso nie auf einen grünen Zweig komme, dass sowieso nicht viel aus mir wird, dass ich nun mal zu den kleinen Leuten gehöre und meine Herkunft nicht abschütteln kann. In solchen Fällen wiehert das Unterbewusstsein vor Vergnügen über solche Affirmationen. Mehr passiert leider nicht.

Zum Abschluss meiner kurzen Kommentierung des geistigen Prinzips der Schwingung möchte ich noch auf die enge und intime Partnerschaft zwischen zwei Menschen eingehen. Auch Partner ziehen sich nach dem Prinzip der Schwingung an. Nach diesem Gesetz driften sie zueinander, und nach diesem Gesetz können sie auch wieder auseinanderdriften, wenn sich ihre individuellen Schwingungsebenen ändern.

Das eine geschieht ebenso gesetzmäßig wie das andere. Das Anziehen bezeichnen wir als Glück, das Auseinanderdriften als Unglück. Aber es gibt weder Glück noch Unglück. Es gibt nur die Gesetzmäßigkeiten, nach denen so etwas geschieht.

Wenn zwei Partner gleichermaßen und bewusst am Erhalt der gemeinsamen Schwingungsebene arbeiten, wenn sie sich gegenseitig in ihr Leben einbeziehen, wenn sie sich gegenseitig helfen, fördern, befruchten und gemeinsam geistig weiter entwickeln - denn in der Schöpfung bleibt nichts, wie es ist - dann ist damit eine wichtige Ursachensetzung zum Erhalt der gleichen Schwingungsebene erfolgt. Ein Auseinanderdriften ist sehr unwahrscheinlich.

Wenn sich aber einer verweigert, wenn einer stehen bleibt, wenn er den anderen aus seinem Leben ausgrenzt, ist damit die Ursache des Auseinanderdriftens gesetzt. Sie verstehen sich nicht mehr, sie haben sich nichts mehr zu sagen. Die Schwingungsebene stimmt nicht mehr, obwohl doch früher alles anders war.

4.

Das Prinzip der Polarität

„Alles ist zweifach, alles hat zwei Pole, gleich und ungleich ist dasselbe."

In unserer Sprache kennen wir keinen Begriff der aus sich selbst heraus eine Bedeutung hätte. Jeder Begriff bekommt seine Bedeutung erst durch den Gegenbegriff wie hell-dunkel, laut-leise, hoch-tief, schnell-langsam, gut-böse, arm-reich, Liebe-Hass, hungrig-satt, Krieg-Frieden.

Dieses hermetische Prinzip besagt, dass entgegengesetzte Pole immer nur die extremen Enden ein und derselben Sache sind.

Dies will ich Ihnen wie folgt erklären: Wenn wir eine zehn Meter lange Eisenstange auf der einen Seite bis zur Rotglut erhitzen und auf der anderen Seite so tief wie möglich abkühlen, dann sind diese beiden Enden nichts anderes als die extremen Pole ein und derselben Sache, der Eisenstange. Ich hoffe, Ihr Verstand kann das akzeptieren.

Diese Pole bleiben immer verbunden, ich kann den einen Pol nicht ändern, ohne damit auch den anderen Pol zu beeinflussen. Zwischen beiden Polen gibt es so etwas wie eine Zone, in der sich die Gegensätze neutralisieren. Bei unserer Eisenstange würden wir diesen Zustand vielleicht als lauwarm oder als angenehm warm bezeichnen. Hier würden wir gerne Platz nehmen.

Das heißt, dass Gegensätze durchaus vereinbar sind und dadurch so etwas wie eine Mitte möglich ist. Die unterschiedlichen Schwingungen der Pole können zusammengebracht werden.

Wenn wir in diesem Sinne einmal die Polarität Liebe und Hass betrachten, dann ist auch hier ein Ausgleich möglich. Wie oft schlägt Liebe in Hass um, wie oft neutralisiert sich dann dieser Hass und schlägt vielleicht sogar wieder in Liebe um? Wie schmal ist oft die Grenze zwischen Mögen und Nichtmögen, zwischen Auseinandergehen und Zusammenfinden. Wir können nicht zusammenkommen, aber wir können auch nicht auseinandergehen.

Die gesamte irdische Schöpfung ist im *Prinzip der Polarität* angelegt, und wir haben bereits Anfang des Buches gesagt, dass wir diese Polarität brauchen, um uns bewusst für eine Seite entscheiden zu können. Wir könnten unsere geistige Schöpferkraft nicht trainieren, wenn es diese Polarität nicht gäbe.

Auch der Mensch selbst ist ein Zeugnis dieses Prinzips, auch wir sind zweipolig: die rein geistige Ebene unseres unbegrenzten ICH BIN und die begrenzte körperliche Ebene unseres Ego-Ich. Wohl dem, der den Ausgleich schafft, wohl dem, der zwischen diesen beiden Polen nicht hin- und hergerissen wird und die Mitte findet.

Die Kunst der Neutralisation, die Kunst der Mitte, ist auch wiederum Teil der „geistigen Alchemie". Sie befähigt uns, die eigenen Polarität und auch die Polarität anderer Dinge zu ändern.

Gestatten Sie mir an dieser Stelle erneut einen kleinen Abstecher. Während ich an diesem Kapitel schreibe, hörte ich in den Radionachrichten von der Welthungerkonferenz und deren düsteren Prognosen, wonach bald mehrere Milliarden Menschen auf unserer Erde hungern werden.

Nun habe ich bei meinen Beispielen von Polaritäten auch die Begriffe „satt" und „hungrig" genannt. Wenn es nun stimmt, dass solche Pole immer nur die extremen Enden ein und derselben Sache sind, und wenn es richtig ist, dass die geistigen Gesetze im Größten wie im Kleinsten Gültigkeit haben, wenn es richtig ist, dass Änderungen auf einem Pol immer auch den anderen Pol berühren, dann muss es doch auch für das Hungerproblem eine Erklärung auf der Ebene des Gesetzes der Polarität geben. Und die gibt es!

Schauen wir uns zu den Hungernden den extremen Gegenpol der Überfressenen und Überfetteten an. Während wir in einigen afrikanischen Ländern Kinder mit durch Mangelernährung aufgeblähten Bäuchen sehen, sehen wir in der westlichen Welt Kinder mit durch Überernährung aufgeblähten Bäuchen. Wenn wir uns dazu noch die Erwachsenenwelt ansehen, wird das Bild noch eindeutiger.

Auf der einen Seite wird im Übermaß gefressen, und auf der anderen Seite wird im Übermaß gehungert. Wenn das keine Polarität ist! Wenn wir nun in unserer Zeitrechnung einmal um zwei- bis dreihundert Jahre zurückgehen, gab es eine Polarisierung in diesem Ausmaß noch nicht. Alle Kontinente konnten ihre Bevölkerung ernähren - mal schlecht, mal recht, aber es ging.

Erst die Verschiebung auf der einen Seite der Polarität bewirkte auch eine Verschiebung auf der anderen Seite der Polarität. Je extremer das Fressen, desto extremer das Hungern und umgekehrt.

Nun haben wir gesagt, dass zwischen den Polen immer ein Ausgleich möglich ist. Ja, die Schöpfung bedingt sogar einen solchen Ausgleich, und wenn wir ihn nicht durch freiwillige Erkenntnis schaffen, wird die Schöpfung selbst einen Weg des Ausgleichs finden. Der kann dann allerdings wesentlich schmerzhafter sein als der Weg der Erkenntnis.

5.
Das Prinzip des Rhythmus

„Alles fließt ein und aus,
alles hat seine Gezeiten,
alle Dinge steigen und fallen."

Das Schwingen des Pendels zeigt sich in allem; das Maß des Schwunges nach rechts ist das Maß des Schwunges nach links. Rhythmus kompensiert!

Was heute oben ist,
wird morgen unten sein,
und was heute unten ist,
wird morgen oben sein.

Wirkt dies nun beruhigend oder beängstigend, gerecht oder ungerecht auf Sie? Wie sind Ihre Empfindungen?

Die Beantwortung dieser Frage ist sicher davon abhängig, wo wir im Moment unseren eigenen Standort sehen. Wenn wir uns als unten stehend empfinden, ist die Aussicht, morgen oben zu stehen, natürlich verlockend; umgekehrt sicher etwas weniger. Leider kümmert sich aber auch diese Gesetzmäßigkeit in keiner Weise um das, was wir gerne hätten, sie ist einfach nur wirksam!

Und trotzdem gibt es auch hier so etwas wie eine Chance der Neutralisation, und diese Chance besteht wiederum in den richtigen Ursachensetzungen auf der geistigen Ebene. Die Schöpfung ist geistig! Hier spielt dann auch wieder das Prinzip der Polarität hinein, nach dem alle Gegensätze vereinbar sind.

Es gibt kein bleibendes Oben oder Unten. Wenn ich es geschafft habe, mich in der Mitte festzusetzen, wenn ich es geschafft habe, die Energie der beiden Pole zu neutralisieren, wenn ich gleichmütig bleibe, dann schlägt das Pendel zwar weiterhin nach rechts und nach links aus, aber ich kann mich der Wirkung dieses Ausschlags weitgehend entziehen.

Ich kann mich geistig in der Mitte verankern und in meiner Mitte bleiben, unabhängig davon, in welche Richtung das Pendel im Moment ausschlägt. Was kümmert mich das Außen, wenn ich im Innern gefestigt bin! Ich schaue zu, aber ich gehe den Ausschlag nicht mit.

Dies bedingt, dass ich mich voll und ganz mit meinem unbegrenzten geistigen ICH BIN identifiziere. Ich fühle mich auf einem rostigen Fahrrad ebenso wohl wie in einem Rolls Royce. Ich bleibe immer ich! Räume ich hingegen meinem Ego-Ich die Vormachtstellung ein, trifft mich der Ausschlag des Pendels mit ganzer Härte. Ich werde hin- und hergeworfen, bin euphorisch oder zu Tode betrübt, fühle mich arm oder reich.

Auch dies ist wiederum eine Form geistiger Alchemie, wie sie die hermetischen Meister lehrten und praktizierten. Wenn ich das erste Prinzip der Geistigkeit der Schöpfung verstanden habe, habe ich den entscheidenden Schlüssel in der Hand.

6.

Das Prinzip von Ursache und Wirkung

„Jede Ursache hat ihre Wirkung,
jede Wirkung ihre Ursache;
alles geschieht gesetzmäßig."

Es gibt keinen Zufall, nichts fällt uns einfach so zu. Es muss dazu eine Ursache geben, oder es würde nicht geschehen.

Stellen Sie sich einmal vor, dass ein kleines Becken mit Wasser vor uns auf dem Boden steht. Vielleicht so etwas wie ein Kinder-Planschbecken aus Plastik. Es ist zu dreiviertel mit Wasser gefüllt, und die Wasseroberfläche ist spiegelglatt und vollkommen ruhig. Wenn wir nun wollen, dass sich auf der Wasseroberfläche Kringel bilden, müssen wir dazu natürlich eine entsprechende Ursache setzen, oder die gewünschten Kringel entstehen nicht.

Werfen wir einen Kischkern hinein, bilden sich sofort kleine Kringel, die sich von der Stelle aus, wo der Kirschkern auf die Wasseroberfläche traf, nach außen hin fortpflanzen und dabei immer kleiner und schwächer werden.

Werfen wir hingegen einen handgroßen Stein hinein, werden die Kringel, die wir beim Kirschkern beobachtet haben, zu beträchtlichen Wellen, die das Wasser wahrscheinlich sogar über den Rand hinausschwappen lassen.

Treten wir von einer Seite aus mit dem Fuß gegen den Beckenrand, können sich die hierbei ebenfalls entstehenden Wellen nur in die Richtung unseres Fußtrittes ausbreiten. Eine kreisrunde

Verbreitung ist nunmehr nicht mehr möglich. Wir haben die Richtung sozusagen vorgegeben.

Natürlich hinkt auch dieser Vergleich irgendwo, aber er verdeutlicht doch recht klar das Prinzip von Ursache und Wirkung. Jede Wirkung entspricht exakt der gesetzten Ursache, und ohne die entsprechende Ursachensetzung gäbe es keine Wirkung.

Das gilt übrigens auch für eine Krankheit. Eine höchst ungeliebte Feststellung, und auch hier liegt dann die entscheidende Ursachensetzung wieder auf der geistigen Ebene. Geist steht über Materie, Geist formt Materie. Jede Erkrankung hat auch immer einen geistigen Hintergrund. Es sind nicht nur die Viren, Bakterien, das falsche Essen, der Stress, der Alkohol und dergleichen. Ich habe dies schon an anderer Stelle kurz angeschnitten.

Nun unterscheidet die Hermetik zwischen den höheren und den niederen Ebenen der Ursachensetzung, wobei die höheren Ebenen die niedrigeren Ebenen bei bewusster Ursachensetzung neutralisieren können, und spätestens an dieser Stelle endet dann auch das Beispiel unseres Plastikbeckens.

Ursachensetzungen der niedrigen Ebene sind z.B. Ursachen, die uns von außen erreichen. Ursachensetzungen der höheren Ebene sind Ursachen, die wir eigenverantwortlich im Bewusstsein unsers ICH BIN setzen. Auch hierin ist wieder die Polarität erkennbar.

Von außen lassen wir Ursachensetzungen zu, wenn uns die Wünsche und Erwartungen anderer wichtiger sind als unsere eigenen. Diese Wünsche und Erwartungen von außen bewegen uns dann wie Figuren auf einem Schachbrett. Wir werden bewegt, statt dass wir uns bewegen.

Identifizieren wir uns aber mit unserem mächtigen ICH BIN, erkennen wir unser Recht und auch unsere Pflicht, unser Leben eigenverantwortlich zu gestalten, bewegen wir, statt dass wir bewegt werden. Wir werden Spieler statt Spielfiguren.

Anfügen muss ich noch, dass das Gesetz von Ursache und Wirkung nicht in der Art eines Schnellverfahrens wirkt. Die Schöpfung hat Zeit! Mehrere Ursachensetzungen können sich zu einer dann umso wirksameren einzelnen Ursache addieren. Auch dies gilt wiederum für alle Ebenen.

Wenn Ihnen in jungen Jahren von außen immer wieder die Ursache gesetzt wurde, nichts wert zu sein, so können Sie dies jetzt durch eine bewusste Ursachensetzung auf der höheren Ebene Ihres ICH BIN neutralisieren. Es gibt keinerlei Alibi dafür, auf der Stelle stehen zu bleiben. Die Schöpfung steht keine Sekunde still, gehen wir doch einfach mit. Wir haben einen Mitfahrschein, wir müssen ihn nur nutzen.

7.

Das Prinzip des Geschlechts

***„Geschlecht ist in allem,
alles hat männliche und weibliche Prinzipien.
Geschlecht offenbart sich auf allen Ebenen."***

Ganz vorweg: Geschlecht hat hier nichts mit Sexualität zu tun, obwohl sich diese Auslegung sicher manchem sofort aufdrängt.

Der Begriff Geschlecht deutet hier ausschließlich in die Zweipoligkeit alles Geschaffenen.

Diese Zweipoligkeit ist eine Voraussetzung zur Schöpfung. Erst wenn männliche und weibliche Prinzipien zusammenfinden, erst wenn positiv und negativ geladene Teilchen aufeinandertreffen, kann daraus etwas entstehen. Dies gilt auf allen Ebenen. Selbst das kleinste Atom besteht aus positiv und negativ geladenen Teilchen.

Keine Schöpfung physischer, geistiger oder rein geistiger Art ist möglich ohne dieses Prinzip. Es gibt keine einseitige Schöpfung.

Nur die Quelle selbst vereint alle Prinzipien in sich. Nur die Quelle selbst ist außerhalb jeder Polarität. Sie ist das einzig Eine, aus dem alles entsteht. Viele Kulturen sprechen deshalb von Muttervater oder Vatermutter.

Das Prinzip des Geschlechts arbeitet stets in Richtung Zeugung, Wiedererzeugung und Schöpfung.

Alles Männliche enthält weibliche Anteile, und alles Weibliche enthält männliche Anteile.

Eine einseitig männliche oder weibliche Schöpfung ist nicht komplett und hat keinen Bestand. Auch wenn wir eindeutig als Mann oder Frau durchs Leben gehen, so sind doch beide Prinzipien in uns vorhanden, die sich in männlichen und weiblichen Hormonen, bestimmten Körpermerkmalen usw. äußern.

Manchmal überwiegen auch in einem männlichen Körper die weiblichen Anteile oder in einem weiblichen Körper die männlichen Anteile. Wir reden dann von Schwulen und Lesben.

Es gibt ebenso wenig eine reine Männerwelt, wie es eine reine Frauenwelt gibt. Einseitig von Männern oder Frauen entwickelte Dinge haben keinen Bestand.

Dies gilt auch für die Entwicklung von Produkten des täglichen Bedarfs, was sich inzwischen sogar bis in die Autoindustrie herumgesprochen hat. Anfangs war das Auto ein reines Männerspielzeug, und Frauen durften höchstens am Wochenende auch einmal fahren. Inzwischen spielen die unterschiedlichen Bedürfnisse einer Frau auch in der Autoindustrie eine große Rolle. Manchmal dauert es eben etwas länger. Die Schöpfung hat Zeit, beziehungsweise kennt keine Zeit.

Liebe männliche Geschlechtgenossen, ihr seit ebenso wenig das Gelbe vom Ei wie die Frauen das Gelbe vom Ei sind. Erst wenn ein Ei gleichermaßen Eiweiß und Eigelb enthält, kann sich daraus ein Küken entwickeln. Also achten wir einander gleichermaßen.

Nun habe ich Ihnen hier die hermetischen Prinzipien lediglich in einer Art Schnelldurchgang und in Kurzform präsentiert. Es kam mir ausschließlich darauf an, Ihnen eine gewisse Ahnung von den Zusammenhängen zu vermitteln, damit Sie in Ihren geistigen Ursachensetzungen nicht in die falsche Richtung laufen.

Was wir auf jeden Fall aus diesen Prinzipien erkennen können, ist, dass es kein unwägbares und launiges Schicksal gibt, das rein zufällig dem einen dies und dem anderen das beschert.

Alles läuft wohlgeordnet ab, alles hat seine Gesetzmäßigkeit. Uns ist die schöpferische Kraft gegeben worden, unser Schicksal selbst zu formen. Werden wir uns dieses göttlichen Erbes endlich bewusst, und beginnen wir danach zu handeln.

13

Ganz zum Schluss

Ich weiß nun leider nicht, ob ich Ihnen zu mehr Klarheit verholfen habe oder ob ich Sie mit meinen Ausführungen eher etwas verwirrt oder verunsichert habe.

Dies kommt ganz auf Ihren Ausgangspunkt an. Jeder Mensch steht an einer anderen Stelle des Weges, und jeder Leser entnimmt einem Buch etwas anderes, obwohl doch für alle dasselbe darin steht.

Unser Unterbewusstsein filtert zunächst einmal das heraus, was zu unseren bisherigen Aufzeichnungen und Erwartungen passt, und versucht das zu ignorieren, was dem entgegensteht.

So ist zu erklären, das Menschen, die einen Film gesehen, einen Vortrag gehört oder einen Verkehrsunfall miterlebt haben, ganz unterschiedlich darüber berichten. Wir sehen, hören und lesen zunächst einmal das, was wir sehen, hören und lesen wollen.

Wenn nun jemand mit einem Buch eine völlig neue Landschaft betritt, ist er wahrscheinlich zunächst einmal ein wenig verwirrt. Er vergleicht das Neue mit dem, was er bisher gesehen und erlebt hat, und verhält sich wohl eher vorsichtig und abwartend, kann noch nicht so recht glauben, was er da hört und sieht. Er braucht einfach ein wenig Zeit.

Andere finden sich sehr viel schneller in dieser Landschaft zurecht, haben das Gefühl, endlich am Ziel zu sein, haben das Gefühl, dieser Landschaft schon immer nahe gewesen zu sein, und stürmen blindlings darauf los.

Besser wäre es allerdings, ruhigen Schrittes seinen Weg zu gehen, denn wer allzu schnell losrennt, dem geht meist schon nach sehr kurzer Zeit die Luft aus.

Vorsicht, lassen Sie sich Zeit, lassen Sie reifen, was reifen muss. Unreife Früchte schmecken nicht und können Ihnen zudem ganz gehörig den Magen verderben.

Vor einiger Zeit erreichte mich die E-Mail eines Mannes, der mir berichtete, dass er vor ca. drei Jahren ein Buch von mir gekauft, es nur kurz durchgeblättert und danach etwas enttäuscht ins Bücherregal gestellt habe. Er konnte damit nicht viel anfangen. Gestern Abend sei ihm nun dieses Buch erneut in die Finger gefallen, er habe es dann in einer Nacht durchgelesen, sei deshalb zwar ein wenig müde, aber hochzufrieden, da ihm endlich einiges klar geworden sei.

Dasselbe stand natürlich auch vor drei Jahren in diesem Buch, konnte ihn aber an der Stelle seines Weges, an der er damals stand, nicht erreichen. Wir haben Zeit, wir versäumen nichts. Gehen wir ins Urvertrauen. Es geschieht immer genau das, was richtig und wichtig für uns ist, oder es würde nicht geschehen.

Wie ich schon am Anfang dieses Buches gesagt habe, folgen Sie nicht einfach dem, was ich hier sage. Folgen Sie dem Gesagten nicht einfach, weil es in einem Buch steht und damit wohl richtig sein muss.

In vielen Büchern steht mehr Unsinn als Sinn. Integrieren Sie den Inhalt nur dann in Ihr Leben, wenn er sich für Sie richtig anfühlt, wenn Sie dazu aus Ihrem innersten Gefühl ja sagen können.

Ist dieses innere Ja nicht da, können Sie sich damit nicht voll identifizieren, werden Ihre Ursachensetzungen, falls Sie so etwas versuchen sollten, ohnehin wirkungslos bleiben. Einfach mal ausprobieren, weil es ja ganz lustig klingt und sicher auch nichts schadet, wird keinen Erfolg haben. Das ist zu wenig. So etwas entwickelt keine Kraft.

Sie müssen es schon sein, dieses ICH BIN,
Sie müssen sich dieser Kraft bewusst sein
und darin Ihr wahres ICH sehen.
Nur ein bisschen schwanger geht leider nicht.

In diesem Sinne möchte ich noch einmal die Essenz des Aufgezeigten deutlich machen.

Leben ist schaffende Gottheit.

ICH BIN ist die schaffende Gottheit in uns.

ICH BIN ist die mächtige Gegenwart Gottes in uns.

Identifiziere ich mich mit diesem unbegrenzten, geistigen ICH BIN und denke und handele aus diesem ICH BIN heraus, aktiviere ich damit die göttliche Schöpferkraft in mir. Jesus sagte: „Aus mir selbst kann ich nichts vollbringen, es ist der Vater in mir“.

Dieser Vater ist auch in uns. Es ist der Kern unseres Seins. Es ist das, was unseren Körper lebendig macht. Es ist unser göttliches Erbe. Es ist unser ICH BIN.

ICH BIN die reiche Fülle Gottes, die in meinen Händen sichtbar wird.

ICH BIN ist die göttliche Kraft in mir.

ICH BIN Meister meiner Welt und spreche und gebiete in der göttlichen Schwingung des ICH BIN.

Wenn wir „bewusst" mit dieser uns gegebenen Kraft umgehen, wird durch gezielte Ursachensetzungen vieles für uns erreichbar. Aber Vorsicht, diese Kraft wirkt auch dann, wenn wir sie völlig unbewusst einsetzen, wenn wir sozusagen fahrlässig damit umgehen. Wenn wir unbedacht behaupten:

ICH BIN arm, ICH BIN krank, ICH BIN hilflos, ICH BIN nun mal ein Pechvogel, ICH BIN traurig, ICH BIN nicht so gut wie die anderen usw. usw... ...

Mit einem solch unbewussten Gebrauch des ICH BIN verursachen wir natürlich genau das, was wir nicht wollen. Reklamationen sind auch hier sinnlos!

Wir haben die Ursache gesetzt. Aber um so etwas zu erkennen und die Lehren daraus zu ziehen, sind wir schließlich in dieser Schöpfer-Schule Erde.

Ich wünsche Ihnen von ganzem Herzen, dass Sie die richtige Balance finden, und wenn Sie wollen, schreiben Sie mir eine E-Mail.

Ihr Matt Galan Abend

Matt Galan Abend

Privatpraxis für neue Psychologie,
Psychotherapie und ganzheitliche Lebensheilung

Galan-Master-Training
„der Weg zur Meisterschaft des Lebens“

Einzelbetreuung in allen beruflichen
und privaten Problemstellungen.
Einzel-Intensivwochen

– – – – – – – – – – – – – – – – – –

Ihre Kontaktmöglichkeit zum Autor:
email: galanmaster1@t-online.de
Homepage: www.galan-master-training.de

Weitere Bücher aus dem Verlag Via Nova:

Leben heißt Loslassen

Alles, was wir festhalten, hält auch uns fest

Matt Galan Abend

3. Auflage

Hardcover, 168 Seiten, ISBN 978-3-86616-024-8

Das Besitz anzeigende Fürwort MEIN ist sicher eines der meist gebrauchten Wörter unserer Sprache. Aber in Wirklichkeit ist nichts von dem, was wir für MEIN halten, wirklich unser Eigentum. Menschen schon gar nicht, und auch die materiellen Besitztümer, die wir mal mehr, mal weniger zur Verfügung haben, sind Leihgaben, mit denen wir eine Weile spielen dürfen. Wenn das Spiel unseres Lebens abgepfiffen wird, verlassen wir das Spielfeld, aber die Dinge können wir nicht mitnehmen. Fällt uns das Loslassen bei Dingen noch einigermaßen leicht, so haben wir große Schwierigkeiten mit dem Loslassen gegenüber unseren Kindern, Partnern, Freunden, unseren Vorstellungen, Plänen, Wahrheiten – die Liste lässt sich leicht verlängern. Wir machen uns gar nicht klar, wie viel Energie uns das Festhalten kostet. Aber nur wenn wir loslassen, können wir uns dem ständigen Wandel des Lebens, dem Entstehen und Vergehen, dem Kommen und Gehen anvertrauen, nur dann können wir im Fluss der Schöpfung sein.

Ich will leben statt gelebt zu werden

Ein Weg zur inneren und äußeren Freiheit

Matt Galan Abend

Hardcover, 144 Seiten, ISBN 978-3-86616-189-4

Ist das wirklich mein Leben, das ich hier und jetzt lebe? Wie kann ich frei werden von dem, was „man" denkt und tut, und mich und mein Leben aus meinem innersten Wesenskern heraus selbst bestimmen? Der Psychotherapeut M.G. Abend ermuntert den Leser, sich diesen Fragen zu stellen, sich und seine Lebensumstände zu analysieren, die Bedürfnisse seines „wahren Ichs", seiner Seele als innerer Beobachter, die Lernaufgabe und den Sinn des eigenen Lebens zu erkennen und sich selbst zu vertrauen. Dieses Buch hilft, besonders auch durch entsprechende Methoden und Beispiele, sich von inneren und äußeren Belastungen („Energiefresser") zu lösen, die eigenen Lebensverhältnisse zu verbessern, frei zu werden und mehr Lebensfreude zu empfinden.

Die Angst ist ein seltsamer Vogel

Wie wir Ängste und Blockaden spielerisch überwinden können

Matt Galan Abend

Hardcover, 144 Seiten, 10 Zeichnungen, ISBN 978-3-86616-106-1

Noch nie war das menschliche Leben so angstbesetzt wie heute: Existenzangst, Versagensangst, Angst um den Arbeitsplatz, Angst vor Verarmung, dem Alter, vor Krankheit, dem Alleinsein usw. usw. Für den Autor lautet die alles entscheidende Frage: Habe ich Angst – oder hat die Angst mich? Wer hat wen? Wer geht mit wem um? Matt Galan Abend entlarvt zunächst die Angst als Software unseres Unterbewusstseins, beschreibt Ursachen und Hindernisse, weshalb die Angst so bedrohlich ist und unüberwindbar scheint. Er lehrt, wie man sich von der Angst trennen und die Identifikationen mit ihr auflösen kann. Der Autor personifiziert die Angst in diesem Buch mit der Figur des seltsamen Vogels und zeigt darüber hinaus einen Weg, wie wir Ängste und Blockaden auch aus unserer unbegrenzten, geistigen Ebene heraus heilen können.

Räum dein Leben auf!

100 % mehr Lebensfreude / Matt Galan Abend 2. Auflage

Hardcover, 144 Seiten, 41 z.T. ganzseitige Zeichnungen, ISBN 978-3-86616-060-6

Der Mensch ist eingeschlossen in ein Gefängnis aus Konditionierungen, wie „man" zu sein hat, was „man" tut, was „man" von ihm erwartet, was „man" von ihm denkt usw. Der Mensch „kämpft" um alles und jedes, um sein Ansehen, um sein Geld, um seine Gesundheit, seine Sicherheit, seinen Arbeitsplatz oder was auch immer. Leichtigkeit, Lebenslust und Lebensfreude bleiben dabei meist auf der Strecke. Wenn wir gründlich Hausputz halten, wenn wir uns aus dem Dickicht unserer Konditionierungen befreien, wenn wir endlich aufräumen und das berühmte „Man" aus unserem Leben verbannen, wenn wir die Sorge darum verlieren, wie andere über uns denken, wenn wir die Angst überwinden, unseren Partner, unseren Job oder gar unser Geld zu verlieren, wenn wir den Maßstab in uns selbst und nicht im Außen finden, kann dies so etwas wie unsere zweite Geburt sein. Aber diese Änderung kann immer nur von innen nach außen, und niemals von außen nach innen erfolgen. Die vielen künstlerischen Zeichnungen von Annette Kramer unterstützen die eindringlichen Aussagen des Buches.

Sprechstunde mit dem inneren Arzt

Wecke die Heilkräfte in dir selbst / Matt Galan Abend

Hardcover, 160 Seiten, ISBN 978-3-86616-071-2

Dieses Buch ist vor allem für Laien geschrieben und erklärt in verständlicher Sprache, wie typische Verhaltensmuster zu ebenso typischen Krankheitsbildern, zu sogenannten Zivilisationskrankheiten führen wie Rückenbeschwerden, Tinnitus, Stress-Syndrom, Bluthochdruck, Sexualstörungen u. a. Der Autor beleuchtet auch den psychischen Hintergrund. Sein Modell der 5 Ebenen beweist, dass eine Erkrankung immer den ganzen Menschen betrifft. Aber wie wir uns selbst krank machen, können wir uns auch selbst wieder gesund machen. Wir können die Gesundheit unserer unbegrenzten Geistebene auch auf unsere begrenzte körperliche Materie übertragen, indem wir uns unserer eigenen Kraft, heilsamer und unheilsamer Energiefelder bewusst werden, die Erkrankung als Aufgabe annehmen und die richtigen Techniken anwenden. An praktischen Beispielen wird erklärt, wie wir uns selbst testen können, ob Medikamente uns nützen oder schaden, wie wir die Wirkung medizinischer Therapien beträchtlich steigern und vermeiden können, dass eine Krankheit chronisch wird.

Leben wie neu geboren

Noch einmal • ganz anders anfangen • ganz anders denken • ganz anders handeln / Matt Galan Abend

Hardcover, 128 Seiten, 10 Zeichnungen, ISBN 978-3-86616-088-0

Was würden Sie alles anders machen, wenn Sie Ihr Leben noch einmal von vorne beginnen könnten? Auch Sie können tatsächlich so etwas wie eine zweite Geburt erleben, Ihr Leben noch einmal ganz neu betrachten, ganz neu ordnen, ganz andere Schwerpunkte setzen und damit auch zu einer ganz neuen Beziehung zu sich selbst und zu Ihrem Leben finden.Wie die grundsätzliche Neuorientierung eines Lebens möglich ist, zeigt der Autor am praktischen Beispiel eines Rechtsanwalts, der seine Ängste und einengenden Prägungen überwinden konnte und damit eine ganz neue Qualität in sein Leben brachte. Die flüssige, meist humorvolle, z.T. auch ironische Sprache des Autors und das lebensechte Beispiel garantieren eine spannende Lektüre. Seine direkte Ansprache, Überlegungen und Empfehlungen überzeugen auf Anhieb. Ein Buch, das auch Ihr Leben verändern kann.

Heilung von Schuldgefühlen

Das Geschenk des inneren Friedens wieder erfahren

Chuck Spezzano

Hardcover, 272 Seiten, ISBN 978-3-86616-197-9

Schuldgefühle – wer kennt sie nicht? Schuldgefühle bewirken, dass wir uns herabsetzen und uns für das bestrafen, was wir getan zu haben glauben. Chuck Spezzano nähert sich diesem Thema mit der ihm eigenen Mischung aus Humor und Tiefgründigkeit. Er zeigt in seinem wachrüttelnden Buch nicht nur, wie es gelingen kann, die oftmals tief im Unterbewusstsein verborgenen Ursachen unserer Schuldgefühle aufzudecken, sondern stellt auch Wege vor, wie sie geheilt werden können. Seine Prinzipien werden anhand von Übungen und Fallbeispielen aus seiner langjährigen Praxis als Therapeut veranschaulicht. Die wichtigste Botschaft des Buches lautet, dass in seinem innersten und unveränderlichen Wesenskern jeder Mensch unschuldig ist.

Die befreiende Kraft der Vergebung

Eine Anleitung, um wirklich verzeihen zu können

Jim Dincalci

Paperback, 256 Seiten, ISBN 978-3-86616-198-6

Manchmal sind es nur kleine Dinge, die man nicht verzeihen kann, manchmal traumatische Ereignisse, die das ganze Leben überschatten. Aber immer, so betont der amerikanische Psychologe und Vergebungsexperte Jim Dincalci, vergiften sie das eigene Leben. Vergeben bedeutet darum freiwerden. Aber wie? Dincalci hat dazu ein Vergebungsprogramm entwickelt, das wirklich hilft: um die Blockaden auf dem Weg der Vergebung zu lösen, um die inneren Helfer zu entdecken, die stärken, und vor allem: um sich auch selbst vergeben zu lernen.

Medizin die JEDEN angeht

Schulmedizin und alternative Heilverfahren als Partner

Dr. med. Richard Harslem

Paperback, 208 Seiten, ISBN 978-3-86616-204-4

Auf der Grundlage neuester wissenschaftlicher Erkenntnisse der Physik, der Hirn- und Placeboforschung zeigt dieses Buch anhand einfacher Alltagsbeispiele den gemeinsamen Nenner aller Heilmethoden sowohl der Schulmedizin als auch alternativer Heilverfahren auf: Der Patient muss im Mittelpunkt stehen, eine optimale Kommunikation zwischen ihm und dem behandelnden Arzt/Heiler wird die beste Heilmethode finden. Dieses dargestellte „menschenwürdige" Medizinverständnis und die zahlreichen, praktisch umsetzbaren Informationen sind für alle, die mit dem Gesundheitswesen und der Gesundheitserziehung zu tun haben, von großer Bedeutung, interessant und lesenswert, aber auch für alle, die gesund werden wollen! So können die Heilungschancen der einzelnen Patienten erhöht werden. Die Erkenntnisse des Autors wollen einer besseren Volksgesundheit dienen und Kosten senken.